좋은 꿈 인지 나쁜꿈인지 알 수 있는

꿈해몽

차 례

대박 꿈은
어떤 것인가?

대박 꿈은 어떤 것인가?

아래 유형의 꿈을 꾼 사람은 주저하지 말고 당장 복권을 구입하기 바란다. 즉 "선몽의 의미를 아는 사람만이 당첨의 기회가 온다."라는 말이 있듯이 모르고 그냥 지나가는 안타까움은 없어야 할 것이다.

1. 꿈의 유형별 조건

● 생생한 얼굴의 조상이나 신선 꿈은 당첨을 의미한다.

사극 드라마를 보면 주인공 꿈속에 조상이나 신선이 나타나 "어디어디에 금덩이가 있다"고 하면 그는 신선을 부르며 깨어나 주위를 둘러보고는 곧 꿈이었다는 것을 독백하는 장면을 많이 시청했을 것이다. 이처럼 꿈인지 생시인지를 분별하기 어려울 정도의 생생한 꿈은 당첨을 의미한다.

● 물, 불, 시체, 돼지 등은 돈을 의미한다.

보편적으로 돈이나 명예를 상징하는 대표적인 것으로는 물·불·시체·돼지·높은 사람의 명함이나 옷·대통령·수표 등이 있다. 이밖에 매우 맑은 푸른 망망대해가 자신에게 달려온다거나, 어떤 건물에서 발생한 큰 화재를 본다거나, 엄청난 무리의 돼지가 자신의 앞길을 막고 있는 꿈들은 돈을 상징하고 있다. 만약 이런 꿈을 꾸지 않는다면 복권당첨이란 어림도 없다.

● 꿈속에서 오직 혼자여야만 된다.

이 세상에서 1등이란 두 사람이 동시에 누릴 수가 없다. 이것은 오직 한사람에게만 주어지는 것이다. 그렇기 때문에 꿈에서도 마찬가지인데, 다른 사람과 함께 있다는 것 자체가 당첨과는 거리가 멀다고 할 수 있다. 한마디로 꿈속에서 돼지를 몰고 들어와도 혼자여야만 하고, 불구경을 하더라도 혼자서만 해야 한다. 이와 반대로 다른 사람과 함께 행동한다면 평범한 꿈이거나 혹은 당첨이 되더라도 친척이나 친구들과 당첨금을 나누게 된다.

● 평범한 꿈이 반복되는 꿈도 대박을 의미한다.
단 한번의 꿈으로 당첨된 사람들도 많은데 이것은 좋은 꿈을 꾸었기 때문이다. 그러나 비록 약간 평범한 꿈일지라도 같은 내용이 반복되어 꾸어진다면 이것은 흉몽이 아니라 당첨확률이 높다고 하겠다.

(5) 유형별 꿈 해몽
● 물 꿈
망망대해를 보거나 혹은 홍수가 발생해 모든 것이 떠내려갔지만 나 혼자만 고립되어 떠 있다든지 하는 유형으로 나타난다. 다시 말해 나 혼자서 망망대해의 물을 바라보고 있기 때문에 1등 상금이 모두 내 것이 된다는 것으로 해석하면 된다.

● 불 꿈
실제로 자신이 복권을 구입한 곳이 꿈속에서 화재가 발생해서 활활 타고 있는 것을 본 사람이 1등에 당첨되었다. 또 모든 동네가 불에 타고 사람들이 아우성을 치고 있는데, 조금 후엔 사람들이 온데간데없고 계속 불이 타는 가운데 자신 혼자만 서 있었다는 사람도 1등에 당첨되었다. 보편적으로 불은 금전이나 지위의 상승과 밀접한 관련이 있기 때문에 매우 좋은 것이다.

● 시체 꿈
 일반적으로 꿈속에서 시체를 보면 찜찜하다고들 하지만, 실제 시체는 대단히 좋은 의미를 가지고 있다. 이것은 자신의 작품이나 성과에 대해 좋은 결과를 얻거나 성공을 의미하기 때문이다. 즉 시체를 무더기로 보았거나 또는 그 시체가 자신을 향해서 달려오는 꿈을 꾼 후 당첨된 경우가 있다. 이때도 물론 여러 사람과 함께 있는 것이 아니라 혼자만 있었다고 한다.

● 대통령 꿈
 얼마 전 꿈속에서 김대중 대통령과 악수한 사람이 1억원에 당첨되었다. 대통령은 한 국가의 최고라는 의미를 가지고 있어 대통령과의 악수는 곧 권력이 도와준다는 의미가 되기 때문에 당첨되었다. 또 대통령으로부터 명함을 받아서 당첨이 된 사람도 있으며, 대통령이 주는 술을 한잔 받아먹은 뒤 당첨이 되었다는 사람도 있다. 어쨌든 꿈속에서 대통령이 무언가를 줄려고 한다면 일단 받아놓고 볼 일이다.
● 현금, 수표, 금덩어리 꿈
 실생활에서 가치가 있는 현금이나 수표나 금덩어리를 꿈속에서 구하게 되면 틀림없이 당첨이 된다. 특히 꿈속의 액수와 실재 액수가 비례하는데, 예를 들어 조그마한 금덩어리 하나를 주웠다면 1등과는 거리가 멀다. 그러나 자릿수를 알 수 없을 만큼 많은 동그라미가 있는 수표를 받는다면 1등 당첨은 무난하다고 하겠다. 즉 현금이라면 돈다발을, 수표라면 상당한 액수를, 금덩어리라면 한 아름 안게 된다면 당첨은 따 놓은 당상이다.

● 돼지 꿈
예로부터 돼지꿈은 대단한 길몽으로 해석되었다. 아무리 꿈 해몽을 못하는 사람이라도 돼지꿈이 좋다는 것 정도는 알고 있다. 그렇다고 돼지꿈이 모두 좋다는 것은 아니다. 예를 들면 자신의 우리 안에 있던 돼지가 도망가는 꿈을 꾼다면 오히려 재물을 잃는다. 당첨 꿈의 경우를 보면 수십 마리의 돼지가 자신을 가로막는다거나 혹은 송아지만한 크기의 돼지가 자꾸 자신을 쫓아온다거나 하는 것이다. 이와 반대로 돼지를 받아들이지 않고 쫓아버린다면 당첨은 없다.

● 기타 꿈
기타 꿈으로 유명한 사람이 자신의 집을 방문한다거나, 자신이 피투성이가 된다거나, 용을 타고 승천한다거나 하는 평범하지 않은 꿈으로 당첨이 된 사람들도 많다.

로또,
복권당첨의 꿈

●하늘에서 말 5마리가 끄는 마차가 자신의 머리 위로 날아오는 꿈

● 친구들과 야유회를 갔다가 혼자 코끼리를 타는 꿈

● 초원에 있는 모든 일을 끌어다가 집안에 가져오는 꿈

● 자신의 집 앞마당에 풀이 수북하게 돋아나는 꿈

● 거북이 3마리가 연못에서 나와 흙속에다 알을 낳는 꿈

● 새장 속의 앵무새가 수없이 부화되어 집안에서 날아다니는 꿈

●뱀들이 마구 몰려와 죽는 꿈

●몇 년 전부터 잘 자란 무가 집안 가득히 들어차는 꿈

●두꺼비와 대화를 나누며 두꺼비를 선도하는 꿈

●끝이 보이지 않을 만큼의 큰 구렁이 꿈

●구렁이가 자신의 몸을 칭칭 감는 꿈

●백발노인이 보약을 사먹으라거나 보약을 주어서 먹는 꿈

●머리를 감는데 머리에서 모래가 쏟아져 세숫대야를 쳐다보니 그

●속에 번쩍이는 사람이 들어있는 꿈

●딸기를 구입한 후 거스름돈을 주머니가 넘치도록 받는 꿈

●백금시계 4개와 황금시계 1개를 빌려서 모두 팔목에 차는 꿈

●금빛의 새 동전을 많이 줍는 꿈

●화재진화작업을 하고 있는데 대통령이 평상복을 입고 지켜보는 꿈

●대통령과 악수하는 꿈

●대통령이 악수를 하면서 건네준 명함 두 장을 받은 꿈

●미국 케네디대통령의 부인 재클린 여사가 집으로 찾아오는 꿈

●대통령이 온다며 시끄러운데 갑자기 대통령이 자기에게 말을
　건네는 꿈

▶1

검은. 봉지. 부처님. 볼펜. 바람둥이. 전기선. 찌름. 칼.
케이블선. 하늘.

▶2

비. 위협 .이빨. 흰옷. 화장.

▶3

귀. 누런. 할머니. 돈. 물. 부처님. 밥. 복 .삽. 손. 산.
아이스크림. 천 원. 할머니.

▶4

가구. 만원. 불. 버스. 발. 벽. 뱀. 소스. 집. 죽음. 쥐. 초록.
토끼풀.. 피

▶5

국수. 고개. 끄덕. 가게. 가지. 바다. 분노. 밭. 수박. 승리. 젖.
칼. 커브. 코너. 키스.

▶6

길가. 나체. 납치. 낚시. 덧니. 때. 단서. 로또. 팔. 바나나. 삽.
소변. 시계. 사진. 선배. 수컷. 지갑. 전기. 조끼. 주황색. 축구.
화장실. 친구.

▶7

고향친구. 딸. 신발. 슈퍼. 소나무. 손님. 아기. 잔디.토끼풀. 파도.

▶8

교도소. 금. 돼지. 거북이. 계단. 돼지. 코 .포크커틀릿. 대전.
목. 발자국. 숲. 섬. 수사관. 원숭이. 초등학교. 취직. 택시.
터널. 트럭. 회사동료.

▶9

구렁이. 껍질. 빗. 빨래. 사거리. 스티커. 전기선. 지폐. 축구. 칫솔.

▶10

꿈. 교회. 거미 .미소. 물. 말. 발자국. 볼펜. 뱀. 보따리. 시골길.
사거리. 시줏돈. 지하주차장. 잠. 집.

○ 11
교도소. 국수. 돌다리. 돼지. 코. 라면. 비. 전화통화.

○ 12
가슴. 개미. 모자. 소금. 수도꼭지. 시계. 성폭행. 스님. 영화.

○ 13
등. 방. 상. 손목시계. 입. 옷. 토끼풀.

○ 14
감자. 고구마. 구름. 남자. 모래. 무대. 손목. 아기. 이사. 처남.

○ 15
거인. 고향집. 인사. 아빠. 아내. 우산.

○ 16
군인. 똥. 담배. 라면. 물다. 빙산. 승리. 상복. 시장. 사우나.
여자. 어깨.윗니. 안주. 의자. 이불.

○ 17
공터. 거북이. 등산. 면허증. 매매. 식당. 아버지. 옥수수. 아가씨.
아들. 정리. 치약. 혼인서약. 화장.

○ 18
고무인형. 권총. 깨짐. 놀람. 동전. 리어카. 물고기. 무릎. 부처님.
실종. 소방복. 얼굴. 옷가게. 아저씨. 책상. 청년. 청소기. 통로.
피아노. 단무지.

○ 19
경찰. 과수원. 무역회사. 신한은행. 생식기. 외할머니. 아랫니.
우리 집. 왼쪽. 제사상. 중고차. 축구공.

○ 20
거미줄. 남편. 놀이기구. 놀이공원. 카메라. 자동차. 신문지.
아파트. 이모. 자동차. 작업차. 찌름. 철가방. 카메라.

○ 21
대입시험

● 22
교통사고. 밭두렁. 셔터문. 애무. 잡동사니 .

● 23
노천극장. 대야. 자동차키. 케이블선.

● 24
낭떠러지. 동창. 마당. 머플러. 범인. 싸움. 아이. 엄마. 이사. 음식.

● 25
머리감기. 악어. 엄마.

● 26
남자친구. 목욕. 붉은갈색. 신체검사. 성인. 암벽. 인상. 어금니.
암컷. 작은트럭. 창문. 펌프카.

● 27
동성. 양복. 양주

● 28
구렁이. 냉면. 동생. 단발머리. 바닥담요. 임신부. 장롱. 컴퓨터.

● 29
방송국

● 30
대형슈퍼. 스포츠머리. 여자아이. 아주머니. 음료수. 유리창.
옷고름. 언니. 오토바이. 외상값. 중국. 옷.

● 31
복숭아씨. 아주머니. 악어새끼.

● 32
말뚝박기. 여자동기. 여드름. 작은 섬. 표범문신.

● 33
태풍.

○ 34
사촌동생. 일회용기저귀. 호스.

○ 35
사촌동생이 두 명 일 경우.

○ 36
교회. 아는 여자. 얼음. 아는 언니. 하늘. 장례식장.

○ 37
공양 전화.

○ 38
고양이. 결론. 양말. 종양. 팔. 뒷 꿈치.

○ 39
원숭이. 전시회.

○ 40
검은 돼지. 고향집. 대학교. 지하철.

○ 41
결혼식. 연예인. 운동장.

○ 42
곰팡이. 남자아이. 발표회. 좁은 골목.

○ 43
남자아이가 두 명 일 경우. ROTC학생들.

○ 44
남동생. 나무공예. 디지털카메라. 젊은이. 형.

○ 45
로또에 관한 꿈. 허공.

형상에 따른
꿈의 상징적 의미

귀 꿈
소식통, 통신기관, 연락처, 실시기관, 사람의 운세, 인격을 상징한다.

코 꿈
감식, 검토, 심사, 탐지, 의지력, 품격, 자존심 등을 상징한다.

혀 꿈
주모자, 조종사, 운반수단, 방도, 심의기관, 의결권 등을 상징한다.

이 꿈
가족, 일가친척, 직원, 관청직원, 권력, 조직, 거세 등을 상징한다.

털 꿈
협조, 수명, 정력, 인품, 자만심, 조심거리, 흉계 등을 상징한다.

머리 꿈
우두머리, 상층부, 영수, 수부, 두목, 시조, 통제부, 정신 등을 상징한다.

목 꿈
생명선, 분기점, 거래처, 공급처, 언론기관 등을 상징한다.

가슴 꿈
마음, 중심, 중앙부, 기관실, 신분, 세력권 등을 상징한다.

젖가슴 꿈
형제자매와 관계된 우애, 재산, 사업의 매개체로써 자본의 출처, 정신적인 재원, 소득분배 등을 상징한다.

배 꿈
일의 결과, 기관, 집, 단결, 창고, 빈부, 창의성, 욕구충족 등을 상징한다.

남자의 성기 꿈
자식, 작품, 자존심, 공격성, 창의성, 법도, 생산기관 등을 상징한다.

동물의 성기 꿈
사람과 동일하게 풀이되며 일거리와 관련된 것을 상징한다.

엉덩이 꿈
배후인, 보증인, 물건의 밑바닥, 선정적인 사건 등을 상징한다.

항문 꿈
뒷문, 암거래, 배설구멍, 은닉처 등을 상징한다.

팔과 손 꿈
힘, 세력, 권리, 욕심, 수하자, 협조자, 형제, 단체, 능력 등을 상징한다.

다리 꿈
지류, 자손, 직속부하, 산하단체, 세력, 업적, 행적, 권력 등을 상징한다.

발 꿈
일가친척, 분열된 세력, 종적, 업적, 지파, 부하, 단체 등을 상징한다.

알몸 꿈
신분, 협조자, 위험, 공포, 노출, 폭로, 유혹, 과시 등을 상징한다.

똥 꿈
분비, 유(불)쾌함, 암거래, 소문거리, 부정, 재물, 작품 등을 상징한다.

오줌 꿈
질식된 관념의 분비, 정신적 · 물질적인 재물, 소원의 경향 등을 상징한다.

정액 꿈
일의 성과, 정신적 · 물질적 유산, 정력, 시빗거리 등을 상징한다.

콧물 꿈
사상이나 지식과 관련된 것을 상징한다.

모유 꿈
물질적인 재물을 상징한다.

피 꿈
진리, 교리, 물질적인 손실, 기회, 감화, 해악 등을 상징한다.

술 꿈
관청, 기업체, 공장, 백화점, 학원, 연구원 등을 상징한다.

나무 꿈
인재, 은퇴, 진급, 보호, 협조자, 고용 등을 상징한다.

과일 꿈
유산, 몰락, 청탁, 계약, 성과 등을 상징한다.

은행나무 꿈
훌륭한 인재, 은행, 기타기관, 사업체 등을 상징한다.

작은 과일(자두, 살구종류) 꿈
태몽, 일의 성과, 재물, 키스, 성교, 여아 등을 상징한다.

꽃 꿈
기쁨, 경사, 영광, 명예 여인, 애정, 성공의 과시 등을 상징한다.

잡초 꿈
쓸모없는 일거리, 방해적인 여건과 관련된 것을 상징한다.

해조류 꿈
미역, 김, 파래 같은 해조류는 재물과 관련된 것을 상징한다.

곡식 꿈
쌀, 보리, 밀, 콩, 팥, 수수, 조, 메밀, 옥수수, 깨 등의 곡식은 정신적 또는 물질적인 재물과 작품 등을 상징한다.

씨앗 꿈
인적자원, 정신적 또는 물질적인 자원이나 자본금 등을 상징한다.

쌀 꿈
일거리, 작품, 재물, 돈, 정성을 드리는 일, 면학, 노력 등을 상징한다.

특용작물 꿈
아주까리, 해바라기, 담배, 들깨 등은 작물의 성장과정과 관련되어 있으며 재물, 성과, 작품, 사건 등을 상징한다.

콩 꿈
작품, 사업의 성과, 재물 등을 상징한다.

사람 꿈
꿈속에 등장하는 사람은 매우 상징적이어서 성이 반대일 경우도 있고 사실 그대로 나타날 수도 있으며 자신의 미래를 표시하기도 한다.

갓난아이 꿈
창작물, 일거리, 성기, 상업, 근심 등을 상징한다.

노인 꿈
존경하는 사람, 학식이 많은 사람, 오래된 일, 노후하고 사그라지는 일 등을 상징한다.

가족 꿈
실제인물, 직장의 동료, 기관의 내부 일 등을 상징한다.

아버지 꿈
실제와 동일시하거나 존경의 대상이 되는 인물 등을 상징한다.

어머니 꿈
실제인물과 동일시하거나, 친밀한 대상자, 스승, 협조자 등을 상징한다.

누나, 동생 꿈
동업자, 동료, 애인, 부부 등을 상징한다.

딸, 아들, 조카 꿈
실제인물이거나, 작품이나 일거리 등을 상징한다.

처갓집이나 친정집 꿈
거래처, 산부인과, 청탁 등을 상징한다.

조상 꿈
형제나 협조자 등을 나타내는데 실제 살았을 당시에 받았던 것과 비슷하다. 관계가 좋았다면 협조자이고 좋지 못한 사이였다면 방해자이다.

친구 꿈
실제인물이거나 애완구, 책, 일거리, 작품, 동업자 등을 상징한다.

대통령 꿈
정부, 기관장, 사장, 지도자, 목사, 아버지, 명예, 권리 등과 관련되어 영광을 나타내는 것을 상징한다.

장관 꿈
부서의 장, 회사의 장 같은 우두머리를 상징한다.

경찰관 꿈
신문기자, 심사관, 군인, 법률, 양심, 정의 등을 상징한다.

신문기자 꿈
탐정, 형사, 정보원, 상담인 등을 상징한다.

교사, 교수 꿈
실제인물이거나, 은인, 협조자, 감독관, 목사, 교양서적, 백과사전 등을 상징한다.

의사 꿈
실제인물, 형사, 목사, 상담자, 협조자 등의 인물과 동일시한다.

배우 꿈
자기가 아닌 또 다른 자아, 대리인, 선전원, 사상, 이념, 작품, 선전물 등을 상징한다.

가수 꿈
선전원, 광고물, TV, 라디오, 문학작품 등을 상징한다.

승려 꿈
기관원, 학자, 추천인, 청부업자, 고독한 사람, 진리탐구자, 연구원 등과 관련된 것을 상징한다.

창녀 꿈
다루기 힘든 사람, 간사한 사람, 술과 안주, 외설적인 잡지 등을 상징한다.

도둑 꿈
강자, 악한, 간첩, 벅찬 일거리, 방해물 등을 상징한다.

농사꾼 꿈
문필가, 사업가 등과 관련된 것을 상징한다.

미친 사람 꿈
충격이나 믿지 못할 사람, 병마, 화재, 재난, 책, 논문 등을 상징한다.

무당 꿈
중계인, 청부업자, 출판업자, 약장사, 전도사 등과 관련된 동일인물이나 일을 상징한다.

물 꿈

담은 그릇, 물이 흐르는 지형, 깊고 얕은 물의 색깔과 형태 등에 따라서 재산, 돈, 사상, 언론, 세력, 사업체, 소원 충족 등을 상징한다.

샘물 꿈
사상, 정신적 또는 물질적 재물, 진리 등을 상징한다.

소 꿈
집안의 식구, 협조자, 재산, 사업체 등을 상징한다.

백마 꿈
아름다운, 훌륭한 작품, 단체 등을 상징한다.

돼지 꿈
번창, 운수, 돈, 행운, 발견, 재물, 소유 등을 상징한다.

개 꿈
법관, 경찰관, 경비원, 기자, 저술가, 머슴, 간부, 재물, 전염병, 방해자 등을 상징한다.

여우 꿈
교활하고 변태적인 사람, 희귀한 일거리, 명예나 권리 등을 상징한다.

사슴 꿈
선량하고 고매한 사람, 선비, 고급관리, 명예, 권세, 영광, 재물 등을 상징한다.

너구리 꿈
음흉하고 교활한 사람, 미운사람, 일거리, 재물 등을 상징한다.

늑대 꿈
고급관리, 검사, 경찰관, 강력범, 권리, 막강한 힘 등을 상징한다.

쥐 꿈
큰 뜻을 가진 사람, 노력가, 소개자, 회사원, 도적, 일거리, 작품 등을 상징한다.

토끼 꿈
어질고 착한 사람, 학자, 회사원, 하급관리, 머슴, 식모, 재물, 학업 등을 상징한다.

사자와 호랑이 꿈
권세와 명예를 가진 사람, 일거리, 큰 사업체, 사건, 단체, 권리, 성공 등을 상징한다.

고양이 꿈
독한 여자, 어린이, 경비원, 감시원, 도둑, 권리 일거리 등을 상징한다.

원숭이 꿈
성질이 급하고 질투심이 강한 사람, 재주꾼, 배우, 사기꾼, 권리, 행사 등을 상징한다.

용 꿈
권세가, 유명인, 명예, 권좌, 단체의 세력 등을 상징한다.

코끼리 꿈
학자, 귀인, 부귀, 업적, 일거리 등을 상징한다.

기린 꿈
재주와 지혜가 뛰어난 사람, 재물, 명예, 작품 등을 상징한다.

새 꿈
재물, 작품, 명예, 흉한 일, 길한 일 등을 상징한다.

물고기 꿈
재물, 돈, 일거리, 사건의 경위, 권리 등을 상징한다.

잉어 꿈
재주 있고 처세 잘하는 사람, 예술작품, 재물, 명예, 출세 등을 상징한다.

고래 꿈
큰 인물, 권세가, 부자, 협조자, 큰 일, 작품, 재물, 사업체, 권리 등을 상징한다.

거북 꿈
권력자, 협조자, 길운, 재물, 승리 등을 상징한다.

개구리 꿈
처세를 잘 하는 사람, 소문 잘 내는 사람, 일거리, 재물 등을 상징.

나비 꿈
난봉꾼, 팔자 사나운 여자 등을 상징한다.

파리 꿈
방해적인 사람, 사건, 방해물, 걱정거리, 선전물 등을 상징한다.

지네 꿈
재벌가, 권력가, 은둔자, 재물, 돈, 산하단체, 부하세력 등을 상징한다.

색깔 꿈
꿈속에서 색깔은 천연색으로 나타나는 것이 보통인데 인상 깊은 색깔이 기억에 남지 않아서 흑백으로 보이는 것이다.

시간 꿈
꿈속에 나타나는 시간은 미래를 예지하는 매우 상징적인 것이다. 따라서 암시되는 것을 정확하게 해석하기란 쉽지가 않다. 다만, 정확한 시기와 시간이 나타나는 것을 확실한 예시로 풀어야 된다.

죽음 꿈
지금까지 관심을 가지고 있던 일, 벅찬 일, 성취해야만 될 일 등이 이루어짐을 상징한다.

송장 꿈
비밀스러운 일, 거추장스러운 일, 부채, 증거물 등을 상징한다.

무덤 꿈
협조기관, 은행, 금고, 학원, 비밀장소, 집, 사업체, 협조자 등을 상징한다.

돈 꿈
인력, 돈, 가치, 사연, 편지, 증서, 사건 등을 상징한다.

돈과 증서 꿈
실물이 아닌 약속, 계약, 명령, 권리이양, 선전물과 관련된 것을 상징한다.

하나님 꿈
양심, 진리, 우주법칙, 대자연의 섭리, 군주, 통치자, 성직자, 백성, 은인, 부모, 절대적인 힘을 가진 사람과 관련된 것을 상징한다.

성모마리아 꿈
은혜롭고 자혜로운 사람, 어머니, 애인, 위대한 학자 등과 동일한 인물이나 감동적인 예술작품을 상징한다.

산신령 꿈
학원장, 기관장, 또 하나의 자아와 관련된 것을 상징한다.

불상 꿈
위대한 사람이 남긴 업적을 상징한다.

선녀 꿈
고급관리, 중신, 비서, 학자, 수제자, 배우, 여류작가 등과 동일시되며 인기 있고 선풍적인 사업이나 작품을 상징한다.

역사적인 인물 꿈
인격, 지위, 권세, 명예, 업적, 일, 작품 등을 상징한다.

도깨비, 유령, 귀신 꿈
이것은 잠재의식 속에서 표출된 것으로 악한, 힘든 일, 병마, 정신적 고통 등을 상징한다.

양말, 스타킹, 버선 꿈
보호자, 협조자, 협조기관, 이력, 행적, 내력, 여행권 등을 상징한다.

호주머니 꿈
금고, 창고, 집, 그릇, 기관, 연고지 등을 상징한다.

장갑 꿈
단체, 형제, 수하자, 수단, 능력 등의 일을 보호하고 은폐하며, 어떤 계약 사항을 수행할 일과 관련된 것을 상징한다.

바늘 꿈
통찰력, 자극, 선도자, 평가와 관련된 것을 상징한다.

모자 꿈
협조자, 윗사람, 명예, 권세, 계급, 보호자의 집, 직업, 신분증 등과 관련된 것을 상징한다.

안경 꿈
지위, 협조자, 투시력, 지혜, 통찰력, 권리, 명예, 선전, 과장, 위장 등의 일을 상징한다.

지갑 꿈
권리, 신문, 회사, 집 등을 상징한다.

손수건 꿈
충복, 수하자, 협조자, 계약서, 보증서 등을 상징한다.

가방이나 핸드백 꿈
가정, 집, 직장, 협조자, 기관, 사업기관, 자금출처, 고달픈 일거리 등을 상징한다.

담배 꿈
정신적, 물질적인 재물, 돈, 지위, 신분, 운세 등을 상징한다.

거울 꿈

협조자, 협조기관, 소식통, TV, 중계인, 애인, 신분, 신분증, 마음, 영감 등을 상징한다.

책 꿈
정신, 스승, 교리, 진리, 지침 등을 상징하며 책에 쓰인 문구는 예언의 암시이다.

문서 꿈
청구서, 욕구불만, 책임전가, 명령서, 임명장 등을 상징한다.

기차표 꿈
신분보장, 권리, 임관증명서 등을 상징한다.

상표 꿈
상징적인 의미를 갖는다.

도장 꿈
대리, 직권, 명예, 권리, 신분, 결정, 사명, 명령, 과시 등을 상징한다.

불 꿈
사업, 자본, 일의 성공, 흥망성쇠, 소원성취, 욕, 정력, 열정, 진리 등을 상징한다.

빛 꿈
영광, 광명, 희망, 계몽, 교화, 명예, 세력, 진리, 소식, 명절, 통찰, 자극, 생기, 정력 등을 상징한다.

열 꿈
자본, 힘, 권세, 열성, 정성, 애정, 자비, 변화 등을 상징한다.

그림자 꿈
허무한 것, 거짓된 것, 영향력, 정체불명의 것 등을 상징한다.

운동경기 꿈
정신적 갈등, 사업 성패, 이데올로기 선택, 전쟁 전망 등을 상징한다.

소리 꿈
소식, 소문, 명성, 경고, 감동 등을 상징한다.

노래 꿈
감정의 호소, 사상, 명성, 선전 등을 상징한다.

기차 꿈
집단세력, 기관, 회사, 집단의 지도자 등을 상징한다.

버스 꿈
공공단체, 기업체, 집회, 직장, 권력기관 등을 상징한다.

소방차 꿈
세관, 세무서, 병원, 군대, 경찰 등의 권력기관을 상징한다.

비행기 꿈
공공단체, 세력기관, 회사, 사업체, 소원의 충족, 공격성향 등을
상징한다.

배 꿈
기관, 사업체, 단체, 회사, 가정, 연락기관, 운송수단, 병력 등을
상징한다.

군함 꿈
정당, 권력기관, 사회단체, 사업체, 회사, 법규, 이념, 학설, 권세
등을 상징한다.

편지 꿈
통지서, 명령서, 관보, 입장권, 여권, 소개장, 보증서 등과 관련된
것을 상징한다.

병(질병) 꿈
정신적인 문제, 자기의 이력, 업적과 관련된 일, 악습, 결점, 사상
의 전파, 정신적인 감화 등을 상징한다.

치료약 꿈

능력, 자본, 성과, 영향, 임무 등을 상징한다.

하늘 꿈
넓은 세계, 깊은 진리, 남다른 도덕, 운세, 윤리, 각 기관이나 집단의 장, 사회기반 등을 상징한다.

해 꿈
국가, 국토, 왕, 대통령, 통치자, 위대한 인물, 유명인, 위대한 업적, 개척자, 진리, 권세, 명예, 사업체 등을 상징한다.

달 꿈
계몽적인 사업체, 기관, 권리, 일거리, 작품, 명예 권력자, 유명인, 안내자, 왕비, 어머니, 애인, 친구 여성 등을 상징한다.

별 꿈
희망, 권리, 유명인, 권력자, 지도자, 친구, 명예, 업적, 작품, 사업 등을 상징한다.

바람 꿈
거센 마음, 정력, 시세, 능력, 유행성, 파괴력, 압력 등을 상징한다.

벼락, 번개, 뇌성 꿈
사회적 현상으로 위대한 사상, 위대한 일, 명성, 초능력, 위험, 놀람, 판정, 평가, 소원의 경향 등을 상징한다.

무지개 꿈
길하고 경사스럽고 명예로운 일, 인가, 신용, 결혼, 경사, 결연, 과시 등을 상징한다.

키스 꿈
고백, 자백, 결혼승낙, 기쁜 소식, 굴복, 용서, 소식, 불만, 심적 갈등, 미수 등을 상징한다.

음식 꿈
그 음식의 상태, 먹는 방법 등에 따라 그것이 상징하는 의미가 달라진다.

음식물 재료 꿈
정신적 도는 물질적인 재물, 일거리, 작품, 사업성과 등을 상징한다.

통조림 꿈
완성된 일거리, 작품, 학문적 자료, 재물 등을 상징한다.

흙 꿈
흙구덩이나 흙덩이 또는 한정된 지표면으로 구분해서 꿈의 상징 재료가 되는데, 정신적 또는 물질적인 자료, 재물, 사업기반, 세력 판도, 영토 등을 상징한다.

동굴 꿈
어떤 기관, 학교, 연구원 등을 상징한다.

구리, 놋쇠, 철, 주석, 아연, 등의 금속 꿈
이런 금속은 각각의 성질, 재료적 가치, 완제품, 가공품 등의 용도, 명칭, 형태에 따라서 상징하는 의미가 달라진다.

목욕탕 꿈
변소와 마찬가지로 성욕, 물욕, 명예욕 등을 해소시키고 소원을 충족시키는 기관이나 사업장 등을 상징한다.

행정관청 꿈
서로 바꿔놓기이며 권력기구, 통제부, 언론기관 등을 상징한다.

은행 꿈
우체국, 학교, 잡지사, 출판사, 특허청, 기타 정신적 또는 물질적인 일거리를 위탁한 기관이나 회사 등을 상징한다.

절 꿈
교회와 비슷하게 해석되며 학원, 연구원, 수도원, 기관, 회사, 단체, 교도소, 정신병원 등을 상징한다.

보석상 꿈
고급관청, 연구기관, 회사, 심사기관 등을 상징한다.

잘못 알고 있는
꿈 상식 10가지

1. 꿈 해몽은 점쟁이만 할까?

이것은 틀린 말로 꿈의 세계는 점쟁이와 아무런 연관이 없다. 앞에서도 전술했듯이 꿈 해몽은 꿈을 꾼 자신만이 가장 잘 할 수가 있다. 물론 꿈 해몽에 많은 경험과 지식을 가진 전문 해몽가도 많다.

모든 사람들은 꿈을 꾸며 살아가고 있지만 상징·굴절·변형으로 나타나는 꿈의 의미에 대해서 어느 누구도 자신 있게 말할 수 없다. 꿈에 관한 여러 가지 보편적인 해몽서들이 있긴 하지만, 각 개개인의 꿈을 하나하나 풀이한 해몽서는 없다.

꿈의 해몽에는 법칙 같은 것이 존재한다기보다, 꿈은 또 다른 자아의 활동이기 때문에 꿈을 꾼 자기 자신만이 가장 잘 알 수가 있는 것이다. 다만 특수한 예지적 성격의 난해한 상징적인 꿈은 해몽가의 도움이 필요하다.

'꿈은 미신이고 꿈 해몽은 점쟁이나 역술가들이 하는 것'이라는 잘못된 생각을 가지고 있는 사람들이 많다. 따라서 꿈을 미신이라고 여겨온 그릇된 사고방식과, 또한 프로이트의 『꿈의 해석』에 나오는 "꿈은 소망의 표현이라든지, 억눌린 성적충동이 꿈으로 나타난다."

는 잘못된 고정관념에 사로잡힌 사람들에게, 꿈에는 다양한 속성이 존재한다는 것과 꿈은 잠재의식의 정신활동으로 미래를 예지해 주는 학문적 연구의 대상으로 보아야 한다는 것을 역설하고자 한다.

따라서 수많은 실증적인 꿈 사례를 통해 잠재의식의 정신활동으로 빚어내는 미래예지 꿈의 상징적인 의미를 이해한다면 한층 더 슬기로운 삶을 살아갈 수가 있을 것이다.

2. 꿈은 무조건 반대로 생각해야 할까?

꿈을 반대로 생각하는 것은 잘못된 생각이다. 즉 이빨이 빠지는 꿈, 신발을 잃어버리는 꿈, 싸움에서 지는 꿈, 흙탕물을 보는 꿈, 도망가는 꿈 등등은 흉몽의 대표적인 사례이다. 따라서 꿈은 상식적으로 보는 것과 크게 다르지 않다. 꿈속에서 좋지 못하게 느꼈다면 분명 현실에서도 같이 느낀다.

따라서 '꿈은 반대로 해몽하면 틀림이 없다' 말은 극히 일부분의 해몽에서나 있는데, 이것은 심히 위험스럽고 잘못된 속설이다. 더구나 반대로 해석되는 경우 상징적이고 역설적인 의미가 담겨져 있다. 예를 들어 '꿈속에서 총을 맞고 죽는 꿈'이 나쁘게 보이지만, 상징적인 의미로 볼 때 매우 좋은 꿈이라고 할 수 있다. 즉 '꿈속에서 죽는다'는 것은 현재의 상황에서 벗어나 새로운 세계로 나아감을 뜻한다. 한마디로 재생의 상징의미로써 낡은 껍질을 벗고 새롭게 태어나는 것을 꿈속에서는 자신이 죽는 것으로 상징표현된 것이다.

3. 좋지 못한 꿈은 부적으로 막을 수 있을까?

이것은 정말 잘못된 상식이다. 즉 좋지 못한 꿈을 부적으로 막아준다는 사람은 한마디로 사기꾼임과 동시에 엉터리 해몽가다. 꿈을 크게 나누면 꿈속에서 본 것 그대로 현실에서 일어나는 사실적인 미래투시의 꿈과, '구렁이가 처녀의 몸에 감기는' 것처럼 황당한 표상으로 전개되는 상징적인 미래예지 꿈이 있다.

전자의 사실적인 미래투시 꿈의 경우에는 현실에서 꿈속의 상황대로 전개되지 않도록 하면 충분히 피할 수가 있다. 하지만 상징적인 미래예지 꿈에서는 앞일의 예지는 어렴풋이 가능하지만, 꿈의 실현을 막아내거나 벗어날 수는 없다. 꿈은 장차 다가올 일에 대해서 마음의 준비를 하게 해주는 것이 꿈의 역할인 것이다. 다만 선행을 베풂으로서 장차 다가오는 일이 어떻게 실현될지 모르기 때문에 피해를 최소화하는 것은 가능하다.

4. 좋은 꿈은 타인에게 절대로 이야기하면 안 될까?

이것은 터무니가 없는 말이다. 한마디로 좋은 꿈을 이야기한다고 해서 그 꿈의 실현이 사라지지 않는다. 다만 좋은 일이 일어난다고 믿고선 노력하지 않고 자만에 빠지는 것을 경계하는 뜻이다. 또 좋은 꿈으로 보이는 것이 상징적으로 나쁜 의미를 지니고 있는 것도 있기 때문에 꿈이 실현되기까지 차분한 마음으로 본분을 지켜야한다는 뜻도 있다.

5. 꿈을 자주 꾸는 사람은 건강이 좋지 못할까?

물론 틀린 말이다. 상징적인 미래예지 꿈의 경우 꿈으로 장차 일 어날 일을 보여줌으로써 어떠한 일에 대한 마음의 준비를 하게 해 주는 것이다. 꿈은 신이 인간에게 내린 최대의 선물이며, 오히려 꿈을 꾸지 못하는 사람이 있다면 그것은 인간의 영적능력에 대한 발현이 없다고 봐야할 것이다.

한마디로 우리의 정신능력 활동이 바로 꿈이다. 즉 꿈으로 자신의 몸에 이상이 생기게 될 것을 미리 예지해주는 경우가 있으며, 현 실에서 불안·초조의 잠재심리가 있는 사람이 잡스런 꿈에 시달리 는 경우는 있을 수가 있다.

6. 아이들의 꿈은 모두 개꿈일까?

사람이란 어른이나 어린이나 모두 꿈을 꾼다. 그래서 어른은 어른 대로 어린이는 어린이대로 각각 나름대로의 의미가 있는 것이다. 다섯 살짜리 꼬마가 잠에서 깨어나 "엄마! 간밤 꿈에 돼지가 집안 에 들어왔어"라는 말을 듣고 복권을 구입해 당첨된 사례가 있다. 또 12세 소녀의 꿈에 '날아가던 독수리가 떨어지는 꿈'으로 대통 령 영부인의 죽음을 예지한 사례도 있다.

이처럼 꿈은 어린아이뿐만 아니라, 어느 누구에게나 예지될 수가 있다. 꿈을 안 꾸던 사람도 어느 날 운명적인 사건을 앞두고 꿈을 꾸게 될 수도 있다. 꿈에서 중요한 것은 '얼마나 생생한 꿈이냐'의 여부에 달려있는 것이지, 나이, 성별, 학력, 직업 등과는 아무런 관계가 없다.

7. 좋지 못한 꿈을 꾸었을 땐 그날만 피하면 될까?

절대로 그렇지 않다. 앞에서도 전술했듯이 한번 꾸어진 꿈은 어떤 일이 있어도 실현된다. 보편적으로 꿈의 실현은 사건의 경중에 따라 다소 다를 수가 있다. 즉 사소한 꿈일수록 빨리 실현되며, 커다란 사건의 예지일수록 꿈의 예지기간이 길다. 따라서 좋지 못한 꿈은 나중에 실현될수록 커다란 사건으로 발전되기 때문에 하루라도 빨리 실현되는 것이 좋다. 예를 들면 자식의 죽음을 예지하는 꿈 등은 적어도 한 달이나 4~5개월 전에 꿈으로 예지되고 있다.

8. 돼지꿈이나 똥 꿈은 반드시 재물과 연관 될까?

보편적으로 많은 사람들이 그렇게 생각하고 있지만 그렇지 않다. 물론 돼지에 관한 꿈이 재물 등으로 이루어질 수도 있지만, 돼지로 표상된 태몽이나, 어떤 욕심 많은 사람 등으로 상징되기도 한다. 따라서 돼지꿈을 꿨다고 반드시 복권당첨으로 실현되는 것은 아니다. 돼지꿈이나 똥 꿈이 중요한 것이 아니라, 꿈의 표상이 어떻게 전개되었느냐에 달려있는 것이다. 들어오던 돼지를 쫓아내는 꿈, 똥을 퍼다 버리는 꿈이 재물로 이루어질 수가 있겠는가.

9. 조상 꿈은 좋다? 나쁘다?

조상 꿈이 좋을 수도 있고 나쁠 수도 있다는 얘기다. 앞에서 이야기와 중복되지만, 조상이 밝은 모습으로 나타나 좋은 이야기를 해주는 꿈은 현실에서 좋게 나타난다. 하지만 이와 반대로 어두운 얼굴로 나타나거나, 좋지 못한 말을 할 경우엔 현실에서도 좋지 않게 나타난다.

꿈이 좋고 나쁜 것은 어떤 표상으로 정해진 것이 아니라, 어떻게 전개되느냐의 여부에 달려 있는 것이다.

10. 칼라 꿈을 꾸면 병에 걸릴까?

음식 먹는 꿈은 질병에 걸린다? 아기 꿈은 근심이다? 등의 꿈은 일일이 다 말할 수 없는 속설이 있다. 일부의 경우에는 맞을 수도 있지만 그렇다고 절대적인 것은 아니다. 중요한 것은 꿈의 상징표상이 어떻게 전개되었느냐에 달렸으며, 꿈속에서 느낀 정황이나 기분에 따라 좌우되는 것이다.

꾸지 말아야할
나쁜꿈 10가지

사람들이 꿈을 통해 주변 누군가의 죽음이나 좋지 못한 사건이나 사고가 일어날 것을 예지하는 사례는 수없이 많다. 그러나 절대적인 것은 아니기 때문에 연연하지 않는 것이 좋다.

1. 이빨, 머리카락, 손톱, 눈썹, 손, 발 등이 훼손되는 꿈

다양하게 표상된 사람이나 대상, 결별, 좌절, 실패가 현실로 나타난다.

2. 신발, 모자, 열쇠, 옷, 가방 등을 잃어버리는 꿈

다양하게 표상된 사람을 잃게 되거나, 대인관계나 애정운의 단절, 실직이나 명예의 훼손, 재물의 손실 등으로 나타난다. 더구나 도둑맞는 꿈 역시 외부의 여건영향에 의해 재물의 손실 등 좋지 못한 방향으로 이어지는 대표적인 흉몽이다.

3. 흙탕물을 보거나, 진흙탕에 빠진 꿈

절대로 꿈은 반대가 아니다. 사업의 지지부진, 재물의 손실, 교통사고 등의 사건사고로 나타난다. 보편적으로 꿈은 반대라고 하는데 이에 현혹되지 말아야 한다.

4. 적이나 귀신에게 쫓기거나 맞는 꿈

귀신 꿈은 예로부터 질병에 시달리게 되거나, 어떠한 일의 진행에서 곤란한 상황에 직면하게 된다.

5. 사람이나 귀신과의 싸움에서 지는 꿈

사람이나 귀신과의 싸움에서 지는 꿈은 현실에서 병마에 시달리게 되거나, 의견 등의 대립에서 자신의 의견이 받아들여지지 않게 된다. 또 바둑에 지는 꿈은 질병이나 증권투자의 실패 등으로 나타난다.

6. 자신의 행동과 달리 뜻대로 되지 않는 꿈

동물을 죽이거나 잡으려 하지만 잡지 못하는 꿈, 이성과 성행위를 만족스럽게 하지 못하는 꿈, 문을 열지 못한 꿈, 사람이나 짐승을 죽이려다 못 죽인 꿈 등은 모든 일에서 자신의 뜻대로 일이 성사되지 못한다.

7. 안 좋지 상징표상이 나쁘게 전개되는 꿈

보편적으로 고양이, 원숭이, 인형 등의 꿈은 좋지 못하다.(그렇지만 절대적인 것이 아니기 때문에 염려할 필요는 없다) 즉 적대적인 행위를 하거나, 할퀴는 등으로 전개되는 꿈은 흉몽이다. 또 인형의 꿈을 꾸었을 때 차가운 얼굴표정이라면 좋지 못한 일들이 발생한다.

8. 좋지 못한 표상이 전개되는 꿈

조상이 어두운 얼굴로 나타나거나, 살고 있는 방바닥이 파헤쳐지거나, 대들보가 부러지거나, 귀에 물건이 들어박히거나, 장을 퍼다 버리거나, 아들의 머리가 깨지거나, 그릇이 녹아내리는 꿈 등은 잠에서 깨어나서도 찜찜하게 느껴지는데 현실에서도 좋지 못하게 나타난다.

9. 유산이나 요절의 꿈

태몽표상에서 꿈속의 태아표상으로 등장한 사물이나 대상이 시들 거나, 썩었거나, 상처를 입거나, 갈라지거나, 사라지거나, 놓치거나, 잃거나, 일부분에 한정된 표상인 경우 역시 현실에서 좋지 못하다.

10. 죽음예지의 꿈

나이 많은 분들이 이런 꿈에 관계된다면 실현 가능성이 높다. 아주 곱게 한복 등을 차려 입거나, 꽃가마를 타거나, 화려한 결혼식에 참 석하거나, 멀리 떠나거나, 새집을 짓거나, 검은색 옷을 입거나, 구 들장이 무너지거나, 희미하거나 검은색의 얼굴로 나타나거나, 남에 게 큰절을 받는 꿈은 죽음을 예지한다.

이런 꿈은
태몽이다

임산부가 구름 속에서 떨어진 불덩이를 보는 꿈
태어날 아이는 장차 고급관리가 되어 혁명적인 정책을 내세우게
된다. 그로 인하여 이름을 세상에 알려져 부와 명예를 함께 지닌다.

고구마를 먹는 꿈
집안에 기둥이 될 건강한 아들이 태어난다.

불덩이가 하늘에서 떨어져 치마폭이나 뱃속으로 들어가는 꿈
태어날 아이는 장차 큰 사업가가 되어 큰돈을 벌게 되거나 훌륭한
배우자를 만나게 되어 행복한 미래를 만들 수 있음을 예견한다.

고구마를 안고 있는 꿈
예능계통이나 학구적인 면에서 큰 인물이 된다.

고구마가 산더미처럼 쌓여있는 꿈
많은 사람을 거느리거나 또는 대가족 속에서 집안을 다스리는 인
물이다.

고구마 밭을 가는 꿈
훌륭한 작품이나 공예에 뛰어난 인물을 잉태한다.

가구를 옮기거나 돌려놓는 꿈
임신 중에 유산될 우려가 있기 때문에 몸조심해야 한다.

노란 국화를 한 묶음 꺾어드는 꿈
아들과 딸 상관없이 명예로운 자녀를 얻는다.

만발한 벚꽃 꿈
부모에게 효도하는 미녀를 잉태한다.

꿈에 까치가 우는 꿈
수까치는 남자, 암 까치는 여자아이를 상징한다.

많은 새가 날아가거나 앉아있는 꿈
어느 집단을 의미하며 많은 인원을 거느리게 된다.

큰 장독이 여러 개 뒤집힌 꿈
하고자 하는 일에 변동이 생기면서 임신 중에 유산될 우려가 있다.

살고 있는 집에 우물물이 넘치는 꿈
돈도 벌고 아들을 잉태하게 된다.

할아버지가 반지를 손에 끼어주었는데 손에서 광채가 나는 꿈
아들을 낳아 큰 인물이 됨을 예언하는 것이다.

왕궁에서 서포자락을 잡고 매달리는 꿈
정사에 이름을 날릴 아들을 낳는다.

은수저를 받는 꿈
미남 아들을 잉태한다.

오색찬란한 빛을 발하는 사슴 꿈
예능에 뛰어난 재능을 보이며 명예를 높이 얻는다.

금붕어가 서로 엉켜있는 꿈
사회에 많은 공을 쌓고 큰 기업가가 된다.

많은 구렁이가 즐비하게 늘어져 있는 꿈
정치인이나 큰 기업인이 되는 자손을 잉태한다.

빨간 실뱀이 치마폭으로 들어오는 꿈
예쁘고 탐스러운 여아를 잉태한다.

우글거리는 뱀을 보며 웃는 꿈
교육자로서 많은 사람을 선도하고 계몽하는 직업을 갖는 자손을 낳게 된다.

임산부가 구렁이한테 물리는 꿈
나라에 큰 공헌을 하게 될 자손을 낳는다.

오이를 먹는 꿈
미인을 얻게 된다.

자기 몸에서 환한 빛을 발산하는 꿈
직위나 권세를 누리게 될 남아를 잉태하게 된다.

푸른빛을 발산하는 열매 꿈
남자를 상징하는데 만약 붉은 빛을 띤다면 여자를 상징한다.

활짝 핀 꽃을 타인이 꺾는 꿈
유산되거나 생후 몇 개월 안에 사망한다.

밑에서 딴 열매 꿈
서민생활을 하든가 밑바닥 생활을 하게 되는 자식을 낳는다.

과일이나 식품을 치마폭으로 감싸는 꿈
귀한 직업을 갖게 되며 살아가는데 순탄한 행로를 걷게 된다.

상한 음식을 얻거나 먹는 꿈
임신 중에 유산이 되거나 약한 자식을 낳게 된다.

나무 밑에 큰 동물이 앉아있는 꿈
지체가 높으신 분 밑에서 일을 배우게 되거나 사업가로서 성공할
자식을 얻게 된다.

곤충표본 꿈
출세를 하거나 일찍 염세주의자가 되기 쉽다.

용이 죽어있는 꿈
타인에 의해 유산이 될 우려가 있다.

화려한 공작새가 날개를 펴는 꿈
인기인으로서 상당한 부를 얻게 된다.

제비가 가슴으로 날아드는 꿈
총명하고 재주가 많아 권세를 누리게 되는 태아를 잉태한다.

더러운 곳에서 용의 정체를 보는 꿈
장차 선두에서는 지도자적인 인물을 낳는다.

작은 실뱀이 우글거리는 꿈
생각지 않은 돈이 생기며 장차 교수나 군인으로서 많은 사람을 수하에 둘 인재를 얻게 된다.

큰 산짐승이 집으로 들어오는 꿈
명성을 남기며 상당한 부를 누리게 된다.

돼지새끼가 우글거리는 꿈
교육자나 사업가로서 명성을 떨친다.

산돼지가 부엌으로 떼를 지어 들어오는 꿈
높은 관직에 오르거나 학문에 종사한다.

돼지우리에 돼지가 가득 찬 꿈
작가나 교육자로서 종신하게 된다.

조상과 소가 함께 있는 꿈
사업가로서 주위로부터 많은 도움을 받아 성공하게 된다.

땅에 떨어진 금붕어를 어항에 집어넣는 꿈
예술성이 뛰어난 자식을 잉태한다.

조개 꿈
여아를 뜻하는 것이나 많은 숫자는 출세할 수 있는 능력을 뜻한다.
해나 달을 짊어지는 꿈
장차 영부인이 될 여아를 잉태하게 된다.

서쪽으로 해가 기우는 것을 보고 안타까워하는 꿈
여아를 얻게 된다.

침실에 빛이 스며들어오는 꿈
귀여운 옥동자를 분만하게 된다.

번갯불 꿈
자손이 귀한 집에 자식을 얻게 된다.

우박이 지붕을 덮는 꿈
아들을 낳는다.

조약돌을 손에 쥐고 만지는 꿈
여러 형제를 낳게 된다.

절에 들어가 살면서 본인이 임신을 한 꿈
고귀한 자식을 얻어 덕을 보게 된다.

새집에 문패를 다는 꿈
훌륭한 자녀를 둔다.

새 직장에서 승진하거나 인정받는 꿈
명예로서 집안을 빛낼 자식을 잉태한다.

법회에 들어가 경을 읽는 꿈
나라에 크게 공헌할 귀한 아들을 얻게 된다.

임신 중에 외간남자와 간통을 하는 꿈
후에 자식이 부모를 배척하게 된다.

열심히 글을 읽고 공부하는 꿈
장차 태어날 태아가 학자나 연구 분야에 종사케 된다.

죽은 잉어 꿈
유산될 우려가 있다.

임신 중에 무덤 위에 꽃이 피는 꿈
독불장군으로 자수성가하여 크게 명성을 날릴 자손이 태어난다.

집에 호랑이가 들어와 있든가 호랑이가 들어오는 꿈
인기인이나 혹은 정치가 및 사업가가 될 아들을 갖는다.

알밤을 따거나 보는 꿈
딸을 낳는다.

호랑이가 안개에 싸여 눈을 번뜩이는 꿈
인기인이 되거나 사업가가 될 아들을 낳는다.

꼭지달린 사과나 배를 따는 꿈
아들을 낳는다.

우물이나 함지박 안에 나뭇가지가 꼿꼿이 서서 돌아다니는 꿈
반드시 아들을 갖게 된다.

속이 빈 짚이나 나무가 물에 떠다니는 꿈
딸을 낳는다.

큰 뱀 꿈
효성이 지극한 딸을 얻는다.

용이 손가락을 무는 꿈
아들을 갖기는 하지만 말썽이 많다.

앵두나무 꽃을 벽장 속에 보관하는 꿈
직계 자손에게 아들이 생긴다.

금비녀 꿈
나라의 녹을 먹거나 집안을 일으킬 귀한 자손을 얻는다.

대추를 따서 먹는 꿈
건장하고 총명한 자손을 얻는다.

거울 꿈
자신을 평생 봉양할 자식을 낳는다.

집안에 과목을 심거나 과목에 열매가 달리는 꿈
집안에 복을 끌어들이는 아들을 낳게 된다.

고목에 꽃이 피는 꿈
많은 사람을 계몽하는 선구자가 될 아들을 갖는다.

물건을 안고 산에 오르는 꿈
고생 끝에 아들을 갖게 되나 초년고생이 심하다.

해가 강에서 떠오르는 것을 계속 지켜보는 꿈
아들을 얻으나 이내 헤어지게 된다.

금빛 태양이 자신을 향해 이글거리는 꿈
말썽꾼 자식을 낳지만 훗날 크게 부모의 이름을 날리게 한다.

별이 품안에 떨어지는 꿈
선구자적인 인물을 낳거나 성직자가 될 인재를 낳는다.

물속에서 잉어나 뱀이 안개를 헤치고 나타나는 꿈
학자나 무관으로서 크게 이름을 날릴 아들을 얻는다.

아내가 남편의 옷을 입는 꿈
아들의 출산이 있다.

고추 꿈
아들을 낳지만 고추를 포대에 담아두면 그 아들이 몸에 상처를 입게 된다.

꽃을 보고 꺾어드는 꿈
장차 사회적인 명성을 크게 얻을 자식을 얻는다.

자손이 귀한 집에서의 난초나 죽순 꿈
어렵게 자손을 얻는다.

거북을 타거나 만지는 꿈
장차 일개 그룹의 총수로서 군림할 아들을 얻는다.

상어를 그물로 낚아 배에 싣는 꿈
관직에 나가 세도를 누릴 자식을 얻는다.

봉황새 한 쌍 꿈
두뇌가 뛰어난 자식을 낳거나 그 활동이 광범위하여 모르는 사람이 없다.

동자가 학을 타고 내려오는 꿈
유명한 학자나 그룹의 총수격인 인물을 낳는다.

날아가는 비둘기 꿈
박애주의적인 여아를 낳는다.

꾀꼬리가 방으로 날아드는 꿈
무관으로서 대성할 아들을 낳거나 인기인을 낳게 된다.

새떼가 날아와 가장 큰 새가 방안으로 날아드는 꿈
적극적이고 활달한 지도자적인 인물을 낳는다.

뱀이 덤벼들어 물려고 하기에 밟아 죽이는 꿈
잉태된 자식이 유산되고 만다.

우물가에서 뱀과 지네가 어우러져 노는 꿈
장차 태아가 사회사업가나 정치가로서 놀라운 재능을 펼치게 된다.

청색 구렁이가 산꼭대기에서 아래로 몸을 늘어뜨리고 있는 꿈
지도자적인 인물을 잉태하게 된다.

구렁이가 쥐구멍으로 들어가는 꿈
태아가 유산되거나 또는 유아 시에 사망을 한다.

호랑이 꿈을 꾸고 여아를 낳는 꿈
여성 사업가로서 크게 명성을 얻거나 큰 인물을 배우자로 맞게 된다.

누런 암소가 얼룩무늬 송아지를 낳는 꿈
그 자식이 장차 말썽꾼이 된다.

달리는 말 꿈
성격이 호쾌한 정치가나 일개 그룹의 총수가 되는 자식을 얻는다.

학이 품안으로 날아드는 꿈
여아를 잉태하며 학자나 성직자가 될 우려가 많다.

참새 한 마리가 방안으로 날아드는 꿈
평범한 여아를 낳는다.

방안이나 마루에서 물고기가 노는 꿈
작가나 지도자적인 인물을 잉태한다.

월척붕어를 두 팔로 안고 있는 꿈
작가가 되거나 명예와 재물을 겸비하는 아들을 낳게 된다.

오색찬란한 물고기를 앞치마로 받쳐 드는 꿈
유명한 작가나 예술가를 낳을 징조이다.

큰 잉어가 연못에서 노닐다 갑자기 사라지는 꿈
태아가 유산될 우려가 있다.

게를 잡는 꿈
장차 태아가 교수 및 연구직에 종사할 수 있다.

빨간색 나비가 산 계곡을 날아다니는 꿈
장차 태아가 고위관리로서 권세를 누리게 된다.

별이 떨어진 자리에 나비가 날아드는 꿈
매스컴을 타는 유명인이 될 태아를 잉태하며 여자관계가 복잡하게 된다.

날아다니는 곤충 꿈
연예인으로서 출세하게 된다.

아카시아 꽃이 만발한 오솔길을 걸어가는 꿈
태아가 장차 명예로서 가문을 빛내게 된다.

과일을 따서 광에 쌓거나 상자에 넣는 꿈
장차 큰 규모의 사업체를 경영하며 부하로부터 존경을 받는 태아를 잉태하게 된다.

과일을 따는 꿈
아들을 잉태하게 되지만 과일을 먹는 태몽은 태아가 유산될 우려가 있다.

앙상한 나무를 흔들어 과일을 따는 꿈
출산 시 산모의 걱정이 우려된다.

밤알이 광에 가득 찬 꿈
여아가 태어날 수 있으나 재물로써 집안을 빛내게 될 것이다.

강변에 빛나는 수석을 줍는 꿈
태아가 관리나 학자로서 대성한다.

금반지를 얻는 꿈
대체로 여아를 출산케 되며 원만한 성품으로서 사회적인 지위가 돋보인다.

많은 반지를 얻는 꿈
태아의 재능이 많고 여러 분야에서 독보적인 활동을 하게 된다.

우물에서 용과 구렁이가 어우러져 하늘로 오르는 꿈
아들을 잉태하며 장차 정치권이나 정부기관에서 막강한 힘을 행사하게 된다.

샘물을 마시는 꿈
상당히 감정이 섬세한 태아를 잉태하게 되며 장차 작가나 예술가로서 대성할 수 있다.

파도가 세차게 몰아치는 꿈
혁신가적인 과감한 태아를 잉태하게 된다.

무지개를 향해 달려가는 꿈
장차 태아가 인기인이나 유명인으로서 매스컴을 타게 된다.

창문을 통해서 안을 들여다보는 꿈
출산 시 산모의 건강이 우려된다.

갓난아이가 책을 가지고 놀면서 말을 하는 꿈
교수나 연구직에 종사하면서 세상에 이름을 알리게 된다.

떡시루에 담긴 떡을 모두 먹어치우는 꿈
장차 태어날 태아가 정신적인 지도자로서 크게 명성을 떨치게 된다.

떨어지는 포도송이를 먹지 않고 손으로 받아들고 바라만 보는 꿈
장차 교육자나 정신적인 지도자로서 대성하게 될 자식을 낳는다.

구렁이가 용마루를 통해 지붕으로 올라가는 꿈
외국을 왕래하는 일을 하게 될 자손을 얻는다.

선녀가 아기를 안아다주는 꿈
정부기관에서 중책을 맡게 될 태아를 잉태하게 된다.

산신령이 동자를 데리고 온 꿈
장차 학자로서 대성할 태아를 갖게 된다.

꿈속에서 금으로 된 불상을 얻게 되는 꿈
위대한 정신적 지도자로서 진리를 탐구하고 전파할 인재를 낳게 된다.

스님이 문전에서 염불하는 것을 보고 시주를 하려고 뛰어다니는 꿈
장차 문관으로서 대성할 아들을 얻게 된다.

먹은 음식을 토해내는 꿈
태아가 유산될 우려가 있으며 일시적인 성패로 인하여 명리를 모두 상실케 되는 태아를 갖게 된다.

잔디밭에서 풀을 뜯고 있는 말 꿈
장차 교육자로서 사회에 공헌할 자식을 얻게 된다.

태양을 손으로 따거나 만지는 꿈
권세를 누릴 아들을 낳거나 거부를 낳게 된다.

여러 가지 행운이
찾아오는 꿈

다양한 합격 꿈

다음과 같은 꿈을 꾸면 행운이 찾아온다.
따라서 마음대로 꿈을 꿀 수 없지만 한번 정도 꿈을 꾸겠다고 생각하고 꾸는 것고 괜찮다.

- 돼지가 집이나 방으로 들어오는 꿈
- 용을 타고 산이나 물속으로 들어가는 꿈
- 쥐를 죽이는 꿈
- 도둑이 집안의 물건들을 훔쳐가는 꿈
- 거지를 보는 꿈
- 여러 개의 머리를 본 꿈
- 죽은 사람을 안거나 죽은 시체를 여럿 본 꿈
- 코를 다쳐 코피가 난 꿈
- 자신이 안락사 한 꿈
- 온몸이 피투성이가 된 꿈
- 자신의 머리가 떨어져 나가는 꿈
- 자신의 이마가 넓게 보이고 반짝인 꿈
- 거북이를 타고 바다를 건너가는 꿈
- 돼지를 우리 안에 가두거나 돼지가 나를 둘러싸고 있는 꿈
- 돼지고기를 많이 사는 꿈
- 뱀이 자기를 물고 사라지는 꿈
- 벌통에 꿀이 많은 것을 본 꿈
- 온몸에 벼락을 맞는 꿈
- 벌레가 자신의 몸에서 기어 다니는 꿈
- 자기 집 마당에 사슴들이 놀고 있는 꿈

- 소를 타고 달리는 꿈
- 청과류를 시장에서 사온 꿈
- 누런 똥물을 온몸에 뒤집어 쓴 꿈
- 남의 집에서 밥을 빌려오는 꿈
- **하늘에서 쌀이 비처럼 내리는 꿈**
- 길에서 금을 줍거나 주운 돌멩이가 금으로 변한 꿈
- **쟁반 위에 과일이 가득 담겨있는 꿈**
- 물을 마시려 부엌에 가니 부엌이 샘물이 된 꿈
- **거지취급을 당해 주변에서 돈을 준 꿈**
- 돌아가신 부모님이 말을 타거나 집으로 들어오는 꿈
- **칼을 든 강도가 들어와 자신을 위협하는 꿈**
- 물에 빠져죽는 사람을 본 꿈
- **중요한 물건을 잃어버린 꿈**
- 길바닥에 모르는 사람이 죽어있는 걸 본 꿈
- **누군가 자신을 죽이는 꿈**

- 전쟁이 발발하여 피난을 가는 꿈
- 사막을 횡단하는데 도중에 길을 잃고 헤매는 꿈
- 빙판에서 미끄러지는 꿈
- 보물찾기에서 보물을 찾지 못하는 꿈
- 맨땅에서 미끄러져 넘어지는 꿈
- 답안지를 작성하려는데 필기도구가 없는 꿈
- 기린이 도망치는 것을 보는 꿈
- 계단에서 미끄러져 구르는 꿈
- 전봇대에 오르는 꿈
- 언덕이나 넓은 들판에 메밀꽃이 만개한 꿈
- 양쪽 어깨에 견장이나 계급장을 다는 꿈
- 생쥐가 고양이나 호랑이로 변하는 꿈
- 사슴을 죽이거나 강을 건너는 꿈
- 사다리로 지붕에 오르는 꿈
- 비바람이 몹시 강하여 다리를 건너기 힘든 꿈
- 보잘것없는 작은 동물이 변하여 호랑이가 되는 꿈
- 머리가 아파 쩔쩔매는 꿈
- 말을 타고 장가가는 꿈
- 말을 타고 산의 정상을 오르는 꿈
- 다람쥐가 나무나 돌탑 위를 오르는 꿈
- 나무에 오르는 꿈
- 꿩알을 발견하거나 얻는 꿈
- 개구리가 도약하는 꿈
- 용을 타고 하늘을 날아다닌 꿈
- 시험에 불합격하는 꿈
- 산에 노루를 잡은 꿈
- 산속에 사는 야생사슴을 잡는 꿈
- 불합격을 확인하고 집으로 돌아오다 깨는 꿈
- 뜨거운 물에 몸을 씻는 꿈
- 돌문을 열고 동굴로 들어가거나 들여다보는 꿈
- 대통령이나 부처님께 공양하려고 쌀밥을 짓는 꿈
- 낙방했다고 부모에게 종아리를 맞고 크게 우는 꿈
- 기린이 높은 가지의 잎을 뜯어먹는 것을 본 꿈
- 개를 죽이는 꿈

간단하게
상징적으로 보는 꿈해몽

꿈을 꾸는 것은 자신의 현재 소원충족의 심리상태나 신체상태를 나타내는 것으로 논리적으로 생각하면 누구나 쉽게 해석할 수가 있다. 그러나 꿈에서의 상징들은 객관적이고 규정된 이미지로서가 아니라 자신의 사고와 생활 과 주변여건의 상황에 따라 다양하게 해석될 수 있음을 명심해야 한다.

● 소꿈
조상을 상징하는 꿈이다.

● 말꿈
성황, 조상을 상징하는 꿈이다.

● 개꿈
잡귀신을 상징한다.

● 돼지꿈
재수가 있다.

● 벌레(개미) 꿈
개미나 벌레가 득실거리는 꿈은 좋지 않다.

● 뱀과 용꿈
태몽이지만 예사 사람이 꾸면 재수가 대길하다.

● 새로 변신하는 꿈
과일이나 여러 가지 물건이 새(鳥)로 바뀌는 꿈을 꾸면 무녀가 된다.

● 군인과 경찰 꿈
신장을 뜻하는데, 죽은 사람을 보면 재수가 있다.

● 똥꿈
보거나 만지면 재수가 있다.

● 맑은 물 꿈
맑은 물에 목욕을 하면 길하다.

● 흙탕물 꿈
근심이나 몸이 아프다.

● 불꿈
집에 불이 붙으면 재수가 있다.

● 쌀꿈
길함을 상징한다.

● 음식 얻어먹는 꿈
감기에 걸린다.

● 패물 꿈
패물은 얻으면 태몽이다. 보통사람이 꾸면 재수가 있다.

● 윗 이빨이 빠지는 꿈
부모나 윗사람이 좋지 않다.

● 아래 이빨이 빠지는 꿈
아래 사람이 좋지 않다.

● 빨래 꿈
근심과 걱정을 떨쳐버릴 수 있다.

● 피꿈
피를 보면 재수가 있다. 하지만 남의 칼에 찔려서 흐르는 피는 좋지 않다. 또 친한 사람이 칼이나 총이나 교통사고로 인해 피를 흘리는 것도 본인이나 친한 사람에게 좋지 않다.

● 비 내리는 꿈이나 물 속에서 놀거나 뒹구는 꿈
술에 취한다.

● 굿하는 꿈
신과 접하는 것이라 신체에 이상이 발생하고 몸이 아프다.

● 명함 꿈
대통령이나 높은 지위의 사람에게서 명함을 얻는 것은 대박을 뜻
한다.

● 거울 깨지는 꿈
이름을 사방으로 더 높인다.

● 차와 마차를 타고 먼 길을 여행하는 꿈
죽는 것을 의미하지만 도중에 멈추거나 돌아오면 괜찮다.

● 비행기 꿈
하늘을 날아다니는 꿈은 신(神)기가 있는 것이기 때문에 무당 됨
을 뜻한다. 그러나 평상인이
날아다니면 길하다.

● 돈 꿈
1만 원짜리나 액수가 많은 수표가 수중에 생기면 재수가 있다. 또
동전이 많이 생기면 본인
에게 근심수가 생긴다.

● 죽은 사람과 이야기하는 꿈
몸이 아프다.

● 아이를 업고 다니는 꿈
좋지 못한 근심수가 있다.

● 여자가 많이 나타나는 꿈
재수가 없다.

● 감옥에 들어가거나 형을 살게 되면 꿈
근심수가 있다.

불, 열, 전기, 연기, 화산, 시간, 색 등에 관계된 꿈

● 불이 나는 꿈
집이나 회사 등 장소에 관계없이 불이 나는 꿈을 꾸면 하는 일이
모두 잘 되고 불길처럼 빠르고 강력하게 재산이 증가한다.

● 몸에 불이 붙는 꿈
불이 자신의 몸에 붙으면 별 어려움 없이 현재 하고 있는 사업을
발전시키게 되고 지위 또한 상승한다. 또 다른 사람의 몸에 불이
붙은 것을 보아도 역시 일거리를 얻거나 사업이 잘 진행된다.

● 환하게 빛이 비치는 꿈
빛이 방안으로 환하게 들어오면 고민하던 문제가 해결되고 집안에
경사가 생긴다. 빛이 환한 곳으로 가면 걱정거리가 모두 사라지고
순조롭고 평화스러운 나날이 계속된다.

● 전선이 합선되어 번쩍하고 불꽃이 튀는 꿈
열심히 준비해오던 일이 알찬 결실을 맺게 되고 사람들에게 인정
도 받는다.

● 아궁이에 불을 때는 꿈
철저히 준비하여 체계적으로 일을 진행시켜 나간다.

● 봄과 관련된 꿈
전반적으로 운세가 상승되어 모든 일이 순조롭게 풀린다. 봄이 완
연하다고 느낀다면 어떤 일을 시작하거나 모든 일이 평화롭게 진
행되고 있음을 나타낸다.

● 여름과 관련된 꿈
운세가 절정에 달해 하는 일마다 크게 성공하게 된다. 여름이 되
었다고 느끼면 어느 정도 자리를 잡은 상태이거나 내용적으로 번
창하고 있음을 나타내는 것이다.

● 동쪽과 관계되는 꿈
동쪽은 실제로 동쪽이거나 요람, 새로운 것, 출발을 나타내는 것이
다. 따라서 만일 동쪽으로 새가 날아가는 꿈을 꾸었다면 현재 자신

이 어떤 일을 시작하려 하고 있다는 암시이다.

● 금색과 관련된 꿈
인생 최고의 행운을 상징한다.

● 은색과 관련된 꿈
정신적으로 만족을 얻게 될 일을 상징한다.

● 여러 가지 색이 섞여있는 꿈
복잡, 다재다능, 잡념, 협력, 인기를 상징한다.

● 불이나 벽에 금이 가고 시커먼 연기가 불길과 함께 나오는 꿈
서두르면 일을 그르친다. 바보는 겁 없이 뛰어가고 현명한 사람은
한 번 더 생각한다는 것을 깊이 생각해보자.

● 전기가 정전되어 촛불을 켜고 책을 보는 꿈
어렵고 힘든 일에 용기를 주는 사람이 생기고 청탁한 일은 성사
된다. 입시생은 2차 합격의 운이 있다.

● 촛불을 켜고 불장난을 하는 아이를 꾸짖는 꿈
새로운 변화를 찾는 일에 귀인이 나타난다. 인연, 계약, 행사, 모
임에서 명예로운 감투가 주어진다.

● 불이 나서 물건은 타는데 불길은 없고 연기만 나는 꿈
헛소문에 울고 웃는다.

● 불꽃이 밤하늘에 아름답게 터지는 것을 보고 즐거워하는 꿈
정열이 용솟음친다. 뿌린 씨앗을 수확하고 소망이 순조롭게 성취
된다.

● 횃불을 들고 집 잃은 아이를 찾으려고 밤길을 걸어가는 꿈
선거운동 및 출마자들에게 행운이 오는 꿈이다. 아이가 회장선거,
반장선 거에 나가게 될 때 엄마가 꾸면 뽑히게 된다.

● 산불을 구경하거나 잡풀을 태우는 꿈
작은 아이디어가 당신을 성공으로 이끈다. 작은 힘이 큰 힘 되니 정상정복의 지름길을 생각해보라.

● 등산 갔다가 산에서 시가지를 내려다보니 동네가 온통 불바다가 되는 꿈
명예나 권력을 추구하거나 정계진출자는 안정책을 펼쳐 성공하게 된다. 일반사람은 때돈 벌 일거리를 접하게 된다.

● 논이나 들판에 불을 지르거나 불이 붙는 꿈
언론, 출판, 광고, 서비스업에 절호의 기회로 재물운이 최상급이다.

● 당신의 집에서 불빛이 환하게 나오는 꿈
어떤 일이든 성공하고, 집안의 가족 중에 결혼을 한다.

● 내 집에 불이 나는 꿈
보통 불을 보는 것보다 더 좋다. 내 집에 재운이 들어오고 앞에 있을 재난까지도 면해준다.

● 집이 불에 활활 타는 꿈
사업이 융성해져서 탄탄한 기반을 다지게 된다.

● 자기의 집에 불이 났는데 소방차가 와서 불을 끄는 꿈
일이 잘되려고 하는데 누군가가 찬물을 끼얹는다.

● 자기의 집이 불이나 잿더미만 남은 꿈
집을 담보로 절대로 사업에 투자하지 마라, 뒤늦게 후회한다.

● 남의 밭에 붙은 불이 자기 집에 옮겨 붙어 활활 타는 꿈
남의 권리나 재산을 자기 앞으로 이전해서 크게 부자가 된다.

● 이사하려던 새집이 불에 탄 꿈
이사를 연기하거나, 집값이 하락하고 돈의 지출이 생긴다.

● 모르는 집에 불이 난 꿈
사업이 왕성해 탄탄한 기반을 잡게 된다.

● 이층과 아래층에서 각각 불이 난 꿈
상부 층과 하부 층에 관계된 일이 각각 번창하게 되고 선전이나
광고할 일이 생긴다.

● 아궁이에 불을 때는 꿈
사업을 계획성 있게 추진한다.

● 화롯가에 여러 명이 빙 둘러앉아 있는 꿈
상대방과 사소한 시빗거리로 말다툼을 하게 된다.

● 아궁이에 불이 연기만 나고 불꽃이 보이지 않는 꿈
모험은 좋지 않으니 투자에 시간을 갖고 여유를 가져라.

● 아궁이에 불이 활활 타오르는 꿈
사업이 불같이 일어나고 재수가 대통하여 재물이 늘어나고 생각
지도 못한 행운이 찾아온다.

● 아궁이에 불이 잘 붙지 않거나 불을 끄집어내는 꿈
재운이 없고 하고자 하는 일이 자꾸 꼬이고 답답하게 막힌다.

● 아궁이의 재를 긁어내는 꿈
뜻하지 않은 곳에서 이득을 얻고 재물을 긁어모은다.

● 온몸에 재를 뒤집어 쓴 꿈
건강에 이상이 오거나 재난이 올 수도 있다.

● 자기 몸에 불이 붙는 꿈
자기가 하고 있는 일이 순조롭게 잘 이루어지고 신분이 새로워진다.

● 자기가 불을 붙이는 꿈
마음속의 불을 불타오르게 하고 싶다는 소망을 나타낸다.

● 자신이 불을 지르는 꿈
사업이 불꽃처럼 일어나고 재산이 늘어난다.

● 불 속에 있는데 전혀 뜨겁지 않은 꿈
누군가의 도움으로 일이 잘되고 집안이 부유해진다.

● 자신이 불에 타 죽는 꿈
큰돈을 벌 수 있다.

● 옷에 불이 붙는 꿈
내 신상에 좋은 일이 찾아온다. 혼담이 성립되고 재물도 만지며
승진의 길이 열린다.

● 화재로 화상을 입는 꿈
하는 일이 놀라운 성공을 거둔다. 샐러리맨은 승진하든지 영전 등
의 발령을 받는다.

● 상대방이 화재로 타 죽는 꿈
냄새가 났으면 최고의 길몽이다. 유산, 기부금 등의 큰 재산이 들
어온다. 만약 상대방 몸에 불이 붙어 타면 자기의 일거리나 사업이
번창하게 된다.

● 화상을 입은 상처에 약을 바르는 꿈
반도덕적 행위로 입게 된 마음의 상처를 치유하고자 한다.

● 전신에 화상을 입은 꿈
어떤 사람과 인연, 계약을 맺거나 기념할 일 등이 생긴다.

● 불 가운데 있으면서도 타 죽지 않은 꿈
여러 방면으로 부족한 것이 없었는데도 일을 성사시키지 못한다.

● 불 속에서 사람을 구해주는 꿈
세상에 명성을 얻는다. 불길이 내 몸에 닿거나 옷자락을 태우면
남의 도움으로 재물을 얻는다.

● 타인이 화형을 당하는 꿈
당신의 타인에 대한 질투심을 나타낸다.

● 불이 여러 군데 옮겨 붙은 꿈
언론, 출판기관에서 자기와 관련 있는 기사를 다루거나 광고하게
된다.

● 불이 다 타고 재만 남은 꿈
사업이 잘 추진되어 가다가 돌발적인 사고로 인해 재물을 잃어버
리게 된다.

● 불을 끄는 꿈
나쁜 꿈이다. 불을 시커멓게 끄면 재수가 없다. 불시의 재난을 경
고하는 꿈이다. 불을 꺼서 검은 연기가 나면 집안에 우환이 있다.

● 타오르는 불길을 끈 꿈
번창하고 있던 사업이 도중에 방해물이 생겨 중단하게 된다.

● 불꽃이 꺼져가는 꿈
헐벗거나 사랑에 실패한다.

● 숲이나 낮은 언덕이 불타는 꿈
하고 있는 일이 번창하고 잘 이루어진다.

● 마당 흙 속에서 불길 한 가닥이 솟아오른 꿈
남에게 자신을 과시할 일이 한번쯤은 있게 된다.

● 잔디에 불이 붙어 번져나간 꿈
자기가 소원한 일이 뜻대로 이루어진다.

● 강물에 불이 붙은 꿈
어떤 기관과 협력한 정신적, 물질적 사업으로 크게 성공한다.

● 온 천지가 불바다가 되는 꿈
일가가 오래도록 영화를 누릴 꿈이다.

● 불길이 하늘로 치솟는 꿈
당신 일가는 유력자의 도움을 받아 번영하고 세상 사람의 인기를
독차지한다.

● 집이 원인을 알 수 없는 불에 활활 타는 꿈
사업이 융성해져서 부와 명예를 얻게 된다.

● 자신 옆에서 불이 나 물을 끼얹어 끄는 꿈
끼얹은 횟수만큼 돈을 쓸 일이 생기고 많은 소비가 따르게 되어 가
사를 탕진하게 됩니다.

● 하늘에서 불덩이가 떨어지는 꿈
어떤 혁신적인 일이 생겨서 삶의 방향을 바꾸게 된다.

● 하늘에서 불덩이가 떨어져 불이 먼 곳으로 확산되는 꿈
갑작스럽게 막연한 여행을 하게 되고 인생에서 새롭고 아름다운
면을 깨닫게 한다.

● 풀밭, 길가 등에 불이 붙어서 번져나가는 꿈
자신이 원하고 뜻하는 바가 이루어지고 돈과 명예를 얻게 된다.

● 오랫동안 사용하지 않던 방바닥이 따뜻하다고 느낀 꿈
어려운 상황에서 협조자를 만나 혜택을 입어 사업이 번성하게 되
고 유복해진다.

● 공사를 잘못해 전기선이 합선되어 폭음과 함께 공중에 큰불이 나는 꿈
자신의 사회적인 차원에서 일이 크게 성취되고 세상을 감동시킬
만한 일을 하게 된다.

● 그릇에 담긴 물, 오줌, 강물, 호수 등에 불이 붙는 꿈
자신이 근무하고 있는 기관이나 회사 등에서 정신적으로 도움을

받게 되고 물질적인 사업이 크게 이루어져서 많은 돈을 벌게 되며 지위도 상승된다.

● 방안에 연기가 새어들어 고통을 당하는 꿈
전염병 등에 감염되거나 남으로부터 누명을 쓰게 되어 몸과 마음으로 고통을 당하게 된다.

● 화재가 났는데 불을 끄지 않고 도망치는 꿈
집안이나 직장에서 화근이 생기고 불길한 일이 생겨서 그 일로 인하여 심적 고통을 받게 된다.

● 연기가 숨이 막히게 가득 찬 꿈
신체가 건강해지는데, 처녀라면 좋은 집에 시집간다.

● 화산이 분화하는 꿈
당신이 폭발할 것 같은 난 문제를 안고 있다는 것을 나타낸다.

● 횃불을 들고 어두운 밤길을 걷는 꿈
어렵고 힘든 일을 극복하거나 진리를 깨닫게 된다.

● 남이 횃불을 들고 가는 꿈
어떤 사람의 지도나 조언을 받는다.

● 성화를 들고 계속 달리는 꿈
태몽이라면 진리탐구를 하거나 종교적 지도자가 될 아이가 태어나게 된다.

● 성화대에 불이 잘 붙는 꿈
널리 교리를 전파하고 교회를 설립하게 된다.

● 초롱불을 들고 밤길을 간 꿈
동업자, 은인 등을 만나서 일이 잘 추진되어 간다.

● 방안에 촛불을 환히 밝혀있는 꿈
사업이나 소원이 자기 뜻대로 이루어지고 근심 걱정이 해소된다.

● 촛불이 타는 꿈
좋은 소식이 온다.

● 전깃불이 깜빡거리는 꿈
하는 일이 계속 반복을 거듭한다.

● 전깃불이 환하게 켜진 곳으로 간 꿈
매사에 하는 일마다 순조롭게 풀린다.

● 광선이 강하게 방안으로 들어온 꿈
어떤 강대한 외부세력 또는 종교적인 힘이 자기에게 영향을 미친다.

● 투명한 물건이 빛을 받아 광선이 반사되는 꿈
어떤 사람의 업적이나 일거리가 자기에게 도움이 된다.

● 집 창문에 불이 환하게 밝혀져 있는 꿈
어떤 기관에서 자기의 성실함을 인정해준다.

● 플래시를 받는 꿈
당신이 강렬한 사정이나 오르가즘을 생각하고 있다는 것이다.

● 나무 두 짐에 불을 질러 잘 타고 있는 꿈
두 곳에서 사업자금이 마련되어 사업이 번창해진다.

● 높은 산 일대가 불에 타는 꿈
사회에 큰 혼란이 생긴다.

● 화롯불이 꺼지는 꿈
소망이 좌절된다.

● 화롯가에 여러 명이 빙 둘러 앉아 있는 꿈
상대방과 사소한 시비 거리로 말다툼을 하게 된다.

● 잔디에 불이 붙어 번져나가는 꿈
자기가 소원한 일이 뜻대로 이루어진다.

● 난로에 불이 잘 타는 꿈
사업이 잘 운영되거나 소원이 충족된다.

● 아궁이에 불을 때는 꿈
사업을 계획성 있게 추진시켜 나간다.

● 건물이 폭탄을 맞아 화재가 난 꿈
여러 방면으로 사업이 크게 번창한다.

● 강물에 불이 붙은 꿈
어떤 기관과 협력한 정신적, 물질적 사업으로 크게 성공한다.

● 방안에 촛불이 환히 밝혀져 있는 꿈
사업이나 소원이 자기 뜻대로 이루어지고 근심걱정이 해소된다.

● 성화대에 불이 잘 붙는 꿈
널리 교리를 전파하고 교회를 설립하게 된다.

● 성화를 들고 계속 달리는 꿈
태몽이라면 진리탐구를 하거나 종교적 지도자가 될 아이가 태어나게 된다.

● 불이 해와 달을 사르는 꿈
누군가의 도움을 받아 지금까지 생각만 하면서 이루어지기를 바라던 소원을 성취하게 된다.

● 불길을 타고 달리는 꿈
보다 높은 벼슬을 얻게 되거나 승진을 하여 지위가 크게 오른다.

● 불을 들고 걸어 다니는 꿈
앞길에 밝고 명랑한 일이 연달아 이어질 것이다. 주위사람들에게서 기쁜 소식을 듣게 될 수도 있다.

● 가축이 불에 타는 꿈
가족이나 자신에게 질병이 생길 징조이다.

● 불이 주위를 환히 밝히는 꿈
어두움이나 액이 사라진다. 평소 풀리지 않던 문제가 해결될 수도 있고 닫혀있던 문이 열리기 시작하여 희망찬 발길을 걷게 된다.

● 불이 나 집과 목재가 다 타버리는 꿈
주변의 도움을 받아 모든 것이 번창해 간다는 것을 암시한다. 특히 사회적, 자연적인 도움을 얻어 사업이 발전하게 된다.

● 불이 바람과 함께 사라지는 꿈
힘을 읽고 주저앉을 꿈이다. 주위나 사회적인 압력을 받거나 곤궁에 처한다.

● 솥 밑에 불을 지피는 꿈
장차 큰일을 해 낸다는 암시이다. 자연히 명성이 세상에 알려지고 존경받을 일이 생긴다.

● 안에 연기가 새어드는 꿈
전염병에 감염되기 쉽고 남에게 누명을 쓰게도 된다.

● 연기를 보는 꿈
남자가 이 꿈을 꾸면 가정에 말다툼이 생기지만 여자가 이런 꿈을 꾸면 남편이 부유해진다. 환자는 장기간 병으로 누워있게 될 것이다.

● 검은 연기가 가득한 꿈
운이 막힌다. 특히 질병이 생길 징조이기 때문에 주의해야 한다.

● 화산이 폭발하는 꿈
 사업 실패로 실망하여 의기소침하게 된다. 당신이 여자라면 예전에 앓았던 병이 재발해 목숨이 위태하게 된다. 환자가 이 꿈을 꾸면 건강 회복에 희망이 있고, 수감된 죄수는 탈옥을 시도하지만 그것은 수포로 돌아갈 것이다. 상인은 강한 라이벌을 만나 경제손실을 보게 된다.

● 거지에게 동냥하는 꿈
 실업자는 취직을 하고 사업가는 사업이 번창하는 등 윗사람의 도움으로 만사가 순조롭게 진행된다.

● 많은 방청객이 모인 가운데 재판을 받는 꿈
 중책을 맡게 되거나 자신의 직업이나 작품에 대해 많은 사람들이 인정을 해주어 높은 평가를 받는다.

● 과거의 스승과 관계되는 꿈
 자신에게 적극적으로 도와주는 사람과 관계하게 된다. 과거의 스승이 홀로 걷고 있으면 혼자서 해결하지 못하는 일을 누군가의 도움으로 풀게 된다.

● 군중들이 자신을 빙 둘러싸고 지켜보고 있는 꿈
 사회적인 일을 하게 되거나 주위의 적극적인 도움을 받으며 어떤 일을 연구하거나 이루어내게 된다.

● 남성이 아이를 낳는 꿈
 재수가 좋아하는 일마다 순조롭게 따르고 재물운도 있다.

● 누군가가 몹시 늙어 보이는 꿈
 오래된 일을 하게 되거나 박학다식한 사람과 접하게 된다.

● 귀신에게 시달리는 꿈
 지옥에 떨어지거나 귀신에게 시달림을 받는 꿈을 꾸면 모든 일에 행운이 따르게 된다.

● 몽둥이로 귀신을 때려잡는 꿈
한동안 고민해 오던 문제가 모두 해결되어 편안하고 안정된 상태
가 된다.

● 다른 사람의 부인을 껴안고 있는 꿈
사람들이 부러워할 만한 경사스러운 일이 생긴다.

● 도둑이 담을 넘어 들어오는 꿈
자신을 충실하게 도와줄 배우자를 만나거나 적극적으로 협력하게
될 동업자를 만나게 된다.

● 시체를 보는 꿈
자신이 죽인 시체를 보면 일을 마무리 짓고 기뻐하게 된다. 무심코
본 시체가 바로 자신이 소망을 이루거나 경쟁에서 승리하게 된다.
어딘가에 널려 있는 시체를 보면 자신의 능력을 크게 발휘하여 주
위의 인정을 받게 된다.

● 시체를 만지거나 시체를 목욕시키는 꿈
매사에 재수가 있으며 재물이 풍부하게 쌓이게 된다. 시체를 안아
도 기쁜 일이 생기게 된다.

● 아이들이 날아다니는 꿈
비슷한 위치에 있는 사람보다 뛰어난 능력을 발휘하여 인정을 받
고 출세의 발판을 마련하게 된다.

● 연인과 데이트하는 꿈
낮에 한 데이트를 계속하면 데이트의 내용에 따라 그 사람과의 미
래를 알 수 있거나 소신껏 일한 것이 좋은 결과를 낳게 된다. 낯선
곳에서 데이트를 하면 드디어 결혼을 하게 되거나 큰 수익을 남길
수 있는 일을 하게 된다.

● 유명한 배우와 데이트하는 꿈
자신을 과시하거나 명성을 얻어 유명해지게 된다.

● 임산부를 보는 꿈
동업자나 귀인의 도움으로 추진하는 모든 일이 번창하게 된다.

● 조상에게 음식을 대접하는 꿈
원하는 것을 순조롭게 얻게 되고 가정이나 직장이 편안하다.

● 불상을 얻는 꿈
금불상을 얻으면 재물이나 명예를 얻으며 감화를 받을 만한 책을
읽거나 사회에 기여하게 된다. 관음보살상을 얻으면 신앙심이 깊
어지거나 자신에게 큰 도움이 되는 사람을 만나게 되고 좋은 작품
을 완성하게 된다.

● 예수님이 나타나는 꿈
국가나 사회의 중추가 될 정신적인 지도자가 나타나게 된다. 교
회에 예수님이 나타나면 훌륭한 성직자나 어떤 단체의 지도자와
만나게 된다. 찬란한 모습으로 나타난 예수님을 우러러보면 진리
가 담긴 서적이 출판되거나 사회적으로 위대한 지도자가 출현하게
된다.

● 천사가 나팔을 부는 꿈
신앙인이라면 성가대의 연주를 듣게 되고 신앙이 없는 사람이라
면 관직을 얻거나 주변 환경 새로운 국면을 맞게 된다.

● 대통령과 나란히 걷는 꿈
영향력이 있거나 존경할 만한 사람과 함께 어떤 일을 의욕적으로
추진해 나가게 된다.

● 자신이 어딘가를 앓는 꿈
신체의 장애를 느끼게 되면 현실에서 벗어나 새로운 생활을 꿈꾸
게 된다. 자신이 죽을 만큼 아픈 환자가 되면 인생의 전환기를 맞
게 되고 점점 운세가 호전될 것이다.

● 나무에 오르는 꿈
입신출세하게 된다.

● 하늘로 날아오르는 꿈
권력과 명예를 얻고 직장에서는 승진하게 되며 시험에 합격
한다.

● 천사처럼 날아다니면서 땅위의 사람들을 보는 꿈
야망이 큰 사람이 이런 꿈을 꾼다. 자신의 능력이 뛰어나다
는 심리의 반영.

● 자신이 뛰고 있는데 발이 땅에 닿지 않는 꿈
심리적으로 불안정한 상태로 현실 도피의 심리를 나타낸다.

● 엘리베이터를 타고 올라갔다 내려갔다 하는 꿈
성적인 욕구를 암시한다.

● 자기 앞의 장애물을 날라서 넘는 꿈
일에 있어서 방해나 난관을 극복한다.

● 본인이 새가 되어 날아다니는 꿈
지방에 출장 가거나, 병문안을 가게 되거나, 일을 받게 된다.

● 내리막을 내려가는 꿈
자신이 하고 있는 것이 꼬인다.

● 높은 곳에서 떨어지는 꿈
일이나, 자존심이 떨어진다.

● 자다가 침대에서 떨어지는 꿈
어려움이 생기거나 결혼생활에 문제가 발생한다.

● 땅이 갈라져 그 속으로 떨어지는 꿈
자기의 신변에 좋지 않은 일이 생긴다.

사람에 관계된 꿈

● 어머니의 젖을 빠는 꿈
아기가 아닌데도 어머니의 젖을 빨면 유산을 물려받거나 자금을
쉽게 융통하게 된다.

● 자식이 죽는 꿈
고민하던 일들이 모두 해결되고 만사가 마음먹은 대로 풀려나간다.

● 거지에게 동냥하는 꿈
실업자는 취직을 하고 사업가는 사업이 번창하는 등 윗사람의 도
움으로 만사가 순조롭게 진행된다.

● 많은 방청객이 모인 가운데 재판을 받는 꿈
중책을 맡게 되거나 자신의 직업이나 작품에 대해 많은 사람들이
인정을 해주어 높은 평가를 받는다.

● 과거의 스승과 관계되는 꿈
자신에게 적극적으로 도와주는 사람과 관계하게 된다. 과거의 스
승이 홀로 걷고 있으면 혼자서 해결하지 못하는 일을 누군가의 도
움으로 풀게 된다.

● 군중들이 자신을 빙 둘러싸고 지켜보고 있는 꿈
사회적인 일을 하게 되거나 주위의 적극적인 도움을 받으며 어떤
일을 연구하거나 이루어내게 된다.

● 남성이 아이를 낳는 꿈
재수가 좋아하는 일마다 순조롭게 따르고 재물운도 있다.

● 누군가가 몹시 늙어 보이는 꿈
오래된 일을 하게 되거나 박학다식한 사람과 접하게 된다.

● 귀신에게 시달리는 꿈
지옥에 떨어지거나 귀신에게 시달림을 받는 꿈을 꾸면 모든 일에
행운이 따르게 된다.

● 몽둥이로 귀신을 때려잡는 꿈
한동안 고민해 오던 문제가 모두 해결되어 편안하고 안정된 상태가 된다.

● 다른 사람의 부인을 껴안고 있는 꿈
사람들이 부러워할 만한 경사스러운 일이 생긴다.

● 도둑이 담을 넘어 들어오는 꿈
자신을 충실하게 도와줄 배우자를 만나거나 적극적으로 협력하게 될 동업자를 만나게 된다.

● 시체를 보는 꿈
자신이 죽인 시체를 보면 일을 마무리 짓고 기뻐하게 된다. 무심코 본 시체가 바로 자신이 소망을 이루거나 경쟁에서 승리하게 된다. 어딘가에 널려 있는 시체를 보면 자신의 능력을 크게 발휘하여 주위의 인정을 받게 된다.

● 시체를 만지거나 시체를 목욕시키는 꿈
매사에 재수가 있으며 재물이 풍부하게 쌓이게 된다. 시체를 안아도 기쁜 일이 생기게 된다.

● 아이들이 날아다니는 꿈
비슷한 위치에 있는 사람보다 뛰어난 능력을 발휘하여 인정을 받고 출세의 발판을 마련하게 된다.

● 연인과 데이트하는 꿈
낮에 한 데이트를 계속하면 데이트의 내용에 따라 그 사람과의 미래를 알 수 있거나 소신껏 일한 것이 좋은 결과를 낳게 된다. 낯선 곳에서 데이트를 하면 드디어 결혼을 하게 되거나 큰 수익을 남길 수 있는 일을 하게 된다.

● 유명한 배우와 데이트하는 꿈
자신을 과시하거나 명성을 얻어 유명해지게 된다.

● 임산부를 보는 꿈
동업자나 귀인의 도움으로 추진하는 모든 일이 번창하게 된다.

● 조상에게 음식을 대접하는 꿈
원하는 것을 순조롭게 얻게 되고 가정이나 직장이 편안하다.

● 불상을 얻는 꿈
금불상을 얻으면 재물이나 명예를 얻으며 감화를 받을 만한 책을 읽거나 사회에 기여하게 된다. 관음보살상을 얻으면 신앙심이 깊어지거나 자신에게 큰 도움이 되는 사람을 만나게 되고 좋은 작품을 완성하게 된다.

● 예수님이 나타나는 꿈
국가나 사회의 중추가 될 정신적인 지도자가 나타나게 된다. 교회에 예수님이 나타나면 훌륭한 성직자나 어떤 단체의 지도자와 만나게 된다. 찬란한 모습으로 나타난 예수님을 우러러보면 진리가 담긴 서적이 출판되거나 사회적으로 위대한 지도자가 출현하게 된다.

● 천사가 나팔을 부는 꿈
신앙인이라면 성가대의 연주를 듣게 되고 신앙이 없는 사람이라면 관직을 얻거나 주변 환경 새로운 국면을 맞게 된다.

● 대통령과 나란히 걷는 꿈
영향력이 있거나 존경할 만한 사람과 함께 어떤 일을 의욕적으로 추진해 나가게 된다.

● 자신이 어딘가를 앓는 꿈
신체의 장애를 느끼게 되면 현실에서 벗어나 새로운 생활을 꿈꾸게 된다. 자신이 죽을 만큼 아픈 환자가 되면 인생의 전환기를 맞게 되고 점점 운세가 호전될 것이다.

● 나무에 오르는 꿈
입신출세하게 된다.

● 하늘로 날아오르는 꿈
권력과 명예를 얻고 직장에서는 승진하게 되며 시험에 합격한다.

● 천사처럼 날아다니면서 땅위의 사람들을 보는 꿈
야망이 큰 사람이 이런 꿈을 꾼다. 자신의 능력이 뛰어나다는 심리의 반영.

● 자신이 뛰고 있는데 발이 땅에 닿지 않는 꿈
심리적으로 불안정한 상태로 현실 도피의 심리를 나타낸다.

● 엘리베이터를 타고 올라갔다 내려갔다 하는 꿈
성적인 욕구를 암시한다.

● 자기 앞의 장애물을 날라서 넘는 꿈
일에 있어서 방해나 난관을 극복한다.

● 본인이 새가 되어 날아다니는 꿈
지방에 출장 가거나, 병문안을 가게 되거나, 일을 받게 된다.

● 내리막을 내려가는 꿈
자신이 하고 있는 것이 꼬인다.

● 높은 곳에서 떨어지는 꿈
일이나, 자존심이 떨어진다.

● 자다가 침대에서 떨어지는 꿈
어려움이 생기거나 결혼생활에 문제가 발생한다.

● 땅이 갈라져 그 속으로 떨어지는 꿈
자기의 신변에 좋지 않은 일이 생긴다.

● 길을 걷다 맨홀(구덩이)에 빠지는 꿈
누군가의 방해로 곤란을 겪는다.

● 물속에 빠져 허우적거리는 꿈
쉽게 생각하고 시작했지만 마무리에서 어려움을 겪는다.

● 누군가가 밀어서 물에 빠진 꿈
자신의 허점이 밝혀져 공격을 당한다.

● 물에 빠져 자신이 죽는 꿈
일이 막힘없이 잘 풀리고 경사스러운 일이 생긴다.

● 물에 빠졌다가 나오는 꿈
나오지 못하면 일이 잘 풀리고, 나오면 위험이 비켜간다.

● 물에 빠져 죽는 사람을 본 꿈
큰 이득을 얻고 행운이 찾아온다.

● 얼음이 깨져서 빠진 꿈
현재의 판단이 잘못되었다는 경고이다.

● 백화점등에서 돈 걱정 없이 물건을 마음껏 구입하는 꿈
경제적 곤란이 생긴다.

● 누군가 다른 사람을 위해 물건을 사는 꿈
자기의 입장이 불리해질 징조로 열심히 해도 남 좋은 일만 시키는 결과다.

● 집에 도둑이 들어 돈이나 물건을 잃어버리는 꿈
사업이나 장사에서 이득을 보게 되거나 행운이 찾아온다.

● 쌀가마를 도둑이 가져가는 꿈
남에게 재물을 주거나 세금 등으로 재산이 분배되거나 재산이 줄어든다.

● 중요한 물건을 잃어버린 꿈
작은 규모의 횡재가 생긴다.

● 남에게 꾼 돈을 갚는 꿈
마음에 부담이나 고민이 해결되거나 금전적 이득이 생긴다.

● 자기가 사장이 되어 직원에게 월급을 주는 꿈
수입이 증가한다.

● 자신의 귀중한 물건을 찾아 헤매는 꿈
뭔가 양심에 찔리는 일을 하거나 본심과 다른 행동으로 인해 자기
의 마음이 꾸짖는 것이다.

● 돈이나 물건을 어디에 두었는지 몰라 찾으려고 하지만 못 찾는 꿈
돈 문제로 걱정거리가 생긴다.

● 누군지 모르는 사람에게 쫓겨 다니는 꿈
불안, 초조 등을 억압하고 있는 본능이나 충동, 혹은 걱정거리가
누군가로 표현되어 자기를 쫓아온다.

● 도망치려고 해도 도망칠 수 없는 꿈
지금 염려하고 있는 일에 대해서 집착하는 마음을 나타낸다.

● 무언가에 쫓기듯이 서두르는 꿈
부모나 사회에 반감되는 일을 할 때다.

● 누군가가 계속 미행하는 것 같아 불안한 꿈
누군가는 바로 본인인데, 자기 자신을 극복할 필요가 있다. 이럴
때 일수록 자신에게 솔직해야만 한다.

● 남자친구에게 쫓겨 다니는 꿈
남자친구가 좀더 애정표현을 해주기를 바라는 자신의 마음.

● 누군가에게 쫓겨서 숨는 꿈
끊임없이 자신을 괴롭히는 문제에서 벗어나고픈 심리상태.

● 자신이 누군가를 쫓아다니는 꿈
계획한 일을 서둘러 미흡해지거나 마음에 들지 않는 것.

● 길이 끊겨 갈 수 없던 꿈
돌발적인 사건으로 인해 인생의 향로가 바뀐다.

● 막다른 길에서 있는 꿈
잘못된 선택으로 실패가 있음을 말한다.

● 길을 잃어 헤매는 꿈
조만 간에 어려운 일이 생길 것이라는 암시다.

● 사형을 당하는 꿈
생각지도 않은 좋은 일이 생기거나 큰 성공을 거둘 징조이다. 환자가 이 꿈을 꾸고 나면 병이 완쾌된다.

● 온몸이 마비되어 꿈쩍도 못하는 꿈
자신의 성격이 지나치게 경직되어 사회생활에 어려움이 있거나, 병에 걸려 아프다.

● 자신의 몸이 밧줄로 묶여있는 꿈
일상생활에 지쳐 있음을 말한다.

● 당신이 심문을 하거나 또는 받는 꿈
당신이 사회에서 비난을 받는 일을 해결하기 위해 구실을 찾으려고 노력하는 것을 말한다.

● 당신이 감금당하는 꿈
죄의식과, 자유를 속박하는 참을 수 없는 충동으로부터 보호를 받고 싶다는 마음을 나타내고 있다.

● 누군가 자신을 죽이는 꿈
커다란 행운이 찾아와 앞길이 밝아진다.

● 아이를 낳자마자 죽는 꿈
길몽으로 어려움이 해결되고 이득이 생긴다.

● 아는 사람이 죽었다는 소식을 듣고 슬퍼하는 꿈
그 사람의 도움을 받는다.

● 누군지 모르는 사람의 죽음을 보고 슬퍼하는 꿈
행운이 찾아오고 기쁜 일이 생기는 길몽이다.

● 길바닥에 모르는 사람이 죽어있는 것을 보는 꿈
행운이 찾아온다.

● 자신이 누군가를 죽이는 꿈
소원이 성취되고 만사가 형통하며 행운까지 찾아온다.

● 전쟁터에서 총에 맞아 죽는 꿈
직장에서 승진, 실업자는 취직, 사업가는 목적을 달성한다.

● 전투를 치르고 난 후 시체가 뒹구는 것을 보는 꿈
새로운 직장을 얻거나 하는 일이 성공을 거둔다.

● 두 사람을 한칼에 베어 죽이는 꿈
한 가지 일로 인해 두 가지 일이 잇따라 이루어진다.

● 남을 죽이거나 자기가 죽는 꿈
입학, 취직, 사업 등이 번성한다.

● 목을 매어 죽은 사람을 본 꿈
상황의 반전이 와서 운세가 호전되고 행운이 찾아온다.

● 사람을 죽였는데 다시 살아나서 쫓아오는 꿈
해결할 문제나 성사시켜야 할 일이 실패되어 심리적으로 고통을
받게 된다.

● 자기에게 덤비는 짐승을 죽이는 꿈
자신의 일을 성사시킨다.

● 가족이나 가까운 가족이 사망하고 슬피 우는 꿈
심혈을 기울여 완성해놓은 일을 되새기거나 작품을 감상하며 흐
뭇해할 일이 생긴다.

● 낯선 사람과 싸우는 꿈
갈등이나 문제의 해결조짐이 보인다.

● 술집에서 함께 술 마시던 사람과 싸우는 꿈
재산상의 손해를 보게 된다.

● 친구나 동료와 싸우는 꿈
그 사람과의 사이에 있던 갈등이나 문제가 풀린다.

● 애인에게 뺨을 맞는 꿈
애인에게 데이트신청을 받는다.

● 자기가 애인이나 친구를 때리는 꿈
맞은 사람이 친구이면 우정이 깊어지고, 부부이면 금실이 좋아지
고, 연인이면 사랑이 깊어진다.

● 누군가를 몽둥이로 때리는 꿈
상대방을 억압한다.

● 자신이 누군가에게 얻어맞는 꿈
행운이 들어오거나, 돈이 굴러들어온다.

● 누군가가 자신을 발로 차는 꿈
상대방에게 멸시나 명예훼손을 당한다.

● 가족이나 친구가 사고를 당하는 꿈
그 사람에게 실제로 사고가 일어날 수 있기 때문에 조심해야 한다.

● 괴한이 자기를 칼로 찔러 피를 흘리는 꿈
재물과 명예를 한 몸에 얻는다.

● 몸에 칼이 박혀있는 꿈
성적인 행위를 한다.

● 자기가 자기 몸에 상처를 내는 꿈
행운과 명예가 따른다.

● 상처가 났는데 피가 흐르지 않는 꿈
좋지 못하기 때문에 매사 조심해야한다.

● 교통사고로 다치는 꿈
실제의 사고에 주의하거나 대비해야 한다.

● 자신이 누군가에게 상처를 입히는 꿈
그 사람과 다투거나 상대방이 이성이라면 구애하고 싶은 마음이
생긴다.

● 기둥이 쓰러지는 꿈
아버지나 스승의 건강에 이상이 생긴다.

● 자신이 전쟁터에서 싸우다가 부상당하는 꿈
세인들의 칭찬과 부러움을 한 몸에 받는다.

● 뒤뜰에 땅을 파고 있는 꿈
떳떳치 못한 비밀스런 성적인 욕구가 생긴다.

● 자기가 죽인 시체를 땅에 묻는 꿈
어떤 일을 깨끗이 처리하거나 감춰야할 일이 있게 된다.

● 정원을 만들려고 땅을 파고 나무를 심는 꿈
부부나 연인관계가 더욱 좋아진다.

● 산에 올라가 무언가를 몰래 묻는 꿈
금전적으로 큰 이득을 얻게 된다.

● 밭을 갈거나 파고 있는 꿈
좋은 성과를 얻기 위해 열심히 노력하는 자신의 모습이다.

● 황무지에서 돌등을 치우고 밭으로 개간하는 꿈
새로운 것에 대한 도전의식을 말한다.

● 자기 자신이 흙에 파묻히는 꿈
흉몽인데 꽉 막힌 자기의 암담한 현실을 의미한다.

● 강이나 계곡에서 물놀이하는 꿈
기분 좋게 수영하면서 즐기면 매사가 순조롭게 진행되고, 물속에서 거친 물살에 힘겹게 수영하면 힘겨운 현실을 이기기 위해 안간힘을 쓰고 있다는 것을 말한다.

● 필사적으로 헤엄을 치고 있는데 전혀 전진하지 않는 꿈
최선을 다하고 있는데 전혀 성적쾌감을 얻을 수 없는 것을 말한다.

● 넓은 바다에서 수영하는 꿈
근심걱정이 사라지고 평온이 찾아오거나 빨리 마음을 잡고 하는 일에 열중하라는 것이다.

● 옷을 입은 채로 수영하는 꿈
반가운 사람과 만나 즐거운 시간을 보낸다.

● 좁고 험한 산길을 걷는 꿈
하는 일마다 꼬이고 어려움이 따르며 몸과 마음이 불안하고 지쳐있다.

● 짐이나 아이를 업고 걸어가는 꿈
지금 계획하거나 진행하는 일이 힘들다.

● 가야할 길은 멀고 마음은 조급해하는 꿈
추진하는 어떤 일이 순조롭지 못해 안타깝게 생각하는 자신의 마음이다.

● 걷지 못하는 사람이 걸어 다니는 것을 본 꿈
어떤 기쁜 일이 생겨 세상에 알릴 일이 생긴다.

● 한자리에서 계속 걷지만 항상 제자리인 꿈
하는 일에 성과가 없고 잘 진행되지 않고 정체된다.

● 달리기 경주에서 1등한 꿈
일이 성취되어 기쁨을 얻거나 실제 1등하거나 상금, 승진 등이 따른다.

● 100m 달리기에서 1등 하는 꿈
계획한 일이 성과가 빠르게 나타나 목적을 이룬다.

● 누군가 혹은 무언가를 향해서 달리고 있는 꿈
어떤 요구나 소망을 나타내고 있다.

● 특별한 목표 없이 달리고 있는 꿈
의욕이나 힘이 오랫동안 지속된다는 것을 알리고 있다.

● 자기가 마라톤을 하고 있는데 아무리 달려도 결승점이 보이지 않는 꿈
목적을 달성하기 어렵다는 것을 말한다.

● 연인과 손을 잡고 뛰는 꿈
급하게 처리해서 불안하다는 의미다. 즉 너무 빨리 사랑해 결혼에 골인한 뒤에 후회한다는 것을 말한다.

● 나무 그늘에 누워 낮잠을 자는 꿈
생활이 여유롭고 편안하다.

● 꿈속에의 잠을 잔 꿈
죽음에 대한 소망이나 평안을 구하는 마음을 나타낸다.

● 검은 이불을 덮고 누워있는 꿈
사업을 벌이고 있거나 계획하고 있다는 의미도 있지만, 병에 걸려
누울 수도 있다.

● 땅바닥에 엎드려 있는 꿈
우울한 일이나 심각한 일 때문에 고민한다는 뜻이다.

● 술 취해서 아무데서나 자는 꿈
건강에 이상이 오거나 대인관계나 재물의 어려움이 생긴다.

● 가족들이 한방에 누워있는 꿈
어떤 즐거운 소식이 오거나 집안일이 잘되길 기다리는 뜻이다.

● 누워있는 자기 머리위로 다른 사람의 발이 쭉 뻗어있는 꿈
라이벌과의 경쟁에서 이길 수 있다.

● 누워있는 자기 발아래에 다른 사람 앉아있는 꿈
어떤 일을 진행함에 있어서 잘 안 되거나 시간이 많이 걸린다.

● 누군가 엎드려 있는 것을 본 꿈
그 사람이 아는 사람이면 자기의 뜻이나 의견을 따른다는 의미다.

● 친구나 가족이 자고 있는 꿈
깨워도 일어나지 않으면 그 사람의 건강에 이상이 있다.

● 독버섯을 먹는 꿈
성적인 유혹에 빠지거나 어떤 음모나 계략에 휘말릴 수 있기 때문
에 조심하는 것이 좋다.

● 꿀을 먹는 꿈
우울한 문제나 괴로운 문제가 생기거나 위장에 문제가 생길 수 있다.

● 우유를 마시는 게 기억에 남는 꿈
경사와 행운이 온다.

● 머리를 감는 꿈
길몽인데 자신의 재앙이 사라진다.

● 더러운 물로 목욕을 한 꿈
친구, 친척 중에 한명이 병에 걸린다.

● 뜨거운 물이나 아주 찬물에서 목욕을 한 꿈
가정에 시끄러운 일이 생긴다.

● 목욕을 하려고 옷을 벗고 준비만 하고 씻지 못한 꿈
일시적인 어려움을 겪는다.

● 따뜻한 물을 욕조 가득 담고 몸을 담그고 목욕하는 꿈
어떤 일에 어려움을 겪었다면 이제부터는 서서히 풀린다.

● 화장이 잘 되지 않아 애를 먹는 꿈
자신에게 솔직해지라는 것이다.

● 정성을 들여 화장하고 있는 꿈
남들 앞에 자기의 본 모습이 아니라 자기가 원하고 있는 모습으로
비춰지길 바라는 심리의 표현이다.

● 화장한다면서 밀가루를 얼굴에 바르는 꿈
지나친 열등감, 허세, 과시에 망신을 당할 수 있다.

● 누군가 아는 사람이 머리를 단정하게 빗는 꿈
아는 사람에게 이득이 생기고 자신은 손해를 본다.

● 자신의 머리를 단정하게 빗는 꿈
그간의 어려움이 해결되고 운세가 호전된다.

● 여러 개의 화장품을 늘어놓고 화장하는 꿈
신분, 지위, 명예, 간판, 책, 명의 등을 변경시키거나 돋보이게 할
일이 생긴다.

● 거울에 자기 얼굴을 비춰보며 화장을 하는 꿈
다른 사람이나 자기의 일, 마음 등을 변화시킬 일이 생긴다.

● 상대방이 화장하는 것을 보는 꿈
상대방이 본심을 위장하거나 과장된 선전을 하는 것에 불쾌감을
갖는다.

● 친구가 얼굴이 달라지도록 짙은 화장을 하는 꿈
상대방에게 지휘권을 빼앗기거나 사업체의 명의나 간판 등이 바
뀜을 보게 된다.

● 화장품을 사오는 꿈
지위나 사업 등을 새롭게 할 자본이나 방법을 얻는다.

● 자기의 포켓용 거울을 상대방이 가지고 있는 꿈
누가 자신의 배우자를 희롱하거나 자기의 증명서를 빼앗아 간다.

● 벽 거울이 움직이는 꿈
배우자가 변심한다.

● 거울이 방안을 지나가는 꿈
배우자가 정부를 두게 된다.

● 거울을 얻는 꿈
결혼하거나 아기를 낳으면 도량이 넓고 사교술이 능하며, 세상에
감화를 줄 배우자나 자손을 얻는다.

● 거울이 떨어지거나 저절로 깨어지는 꿈
믿음이나 협조자, 애인 등과 이별하게 된다.

● 자기가 일부러 거울을 깨는 꿈
새로운 신분이나 믿음, 협조자가 생긴다.

● 빗으로 헝클어진 머리를 빗는 꿈
복잡하게 얽힌 사건이나 일에서 좋은 협조자를 만나 원만하게 해결한다.

● 빗으로 머리를 빗는 꿈
성욕을 충족시킬 사건이 생기거나 병을 치료하는 방도가 생긴다.

● 금비녀를 얻는 태몽
태아가 장차 큰 권세와 명예를 얻는다.

● 화를 내면서 청소하는 꿈
대인관계에 있어서 자신의 태도나 처신을 돌아보고 개선하라는 것이다.

● 아무리 청소해도 계속 지저분해져 정리가 안돼는 꿈
분명한 주관과 태도로 복잡한 자기의 마음을 빨리 정리하라는 의미다.

● 집안을 깨끗이 청소하는 꿈
그간 속 썩인 문제가 말끔히 해결된다.

● 아름다운 처녀와 결혼하게 되어 좋아하는 꿈
부담스러운 일을 떠맡게 될 징조다.

● 기혼한 여자(남자)가 또 결혼하는 꿈
부부나 자식에게 좋지 못한 일이 생긴다.

● 신랑도 없는데 결혼식장으로 들어가는 꿈
취직, 계나, 계약관계가 성립된다.

● 형제나 자매가 결혼하는 꿈
흉몽으로 결혼하는 사람에게 불길한 일이 닥친다.

● 자신이 은퇴하는 꿈
자신이 해야 할 일이 산더미처럼 쌓여있다.

● 자신이 말단직원으로 강등되는 꿈
업무상의 실수를 조심해야 한다.

● 직장에 사표를 내는 꿈
좋은 일이 기다리고 있는데, 승진이나 스카우트 제의가 들어온다.

● 직장에서 해고당하는 꿈
승진하거나 표창을 받고 능력을 인정받아 기쁜 일이 생긴다.

● 면접시험에서 떨어지는 꿈
원하는 직장에 취직이 된다.

● 사업상 거래로 바쁘게 뛰어다니는 꿈
일이 잘 풀리지 않고 난관에 부딪친다.

● 마음에 드는 직원을 자신이 채용하거나 밀어주는 꿈
소망하던 일이 달성되고 업무상 인정을 받는다.

● 시험 보는데 한문제도 풀 수 없는 꿈
초조하고 불안한 자신의 심정이나 앞으로의 상황이 좋아진다.

● 뭔가 시험을 보는 꿈에서 답을 쓰지 못하는 꿈
마음속에서의 슬픔이나 불안을 나타낸다. 그러나 진실한 마음을
감추기 위해서 흘리는 눈물도 꿈속에는 많이 나타난다.

● 시험 문제를 척척 풀고 있는 꿈
자신이 없어 시험에서 떨어진다.

● 자신이 시험에 합격하는 꿈
실패할 위험이 있다는 것을 나타낸다.

● 시험에 타인이 불합격하는 꿈
당신에게 당신이 원하는 대로 찬스가 찾아온다.

● 시험을 보아 자기가 불합격하는 꿈
실력을 발휘할 수 있다는 것을 나타낸다.

● 시험을 보러 가는데 사고나 기타 이유로 가지 못하는 꿈
자신의 심리, 즉 준비가 부족한 자신을 탓하는 것을 의미한다.

● 시험시간에 늦어 들어가지 못하는 꿈
자신의 현실에서 도망치고 싶은 심리의 표현으로 노력이 필요하다.

● 낯선 사람과 악수하는 꿈
사업상 거래가 성사되거나 이득이 생긴다.

● 사이가 나빠져서 헤어진 친구나 애인을 만나 악수하는 꿈
꿈대로 화해하고 싶다는 자기의 마음이 반영된 것이다.

● 구덩이에 빠진 사람을 손을 내밀어 구해주는 꿈
자기가 그 사람의 책임이나 잘못을 함께 책임지는 일이 생긴다.

● 현재 사귀고 있는 애인과 손을 오랫동안 잡고 있는 꿈
상대방과의 성적교류를 하고 싶다는 심리적인 내용이다.

● 누군가가 기도하는 소리를 듣는 꿈
자신을 진심으로 걱정해주고 도와줄 사람을 만나게 된다.

● 교회나 사찰에서 간절히 기도하는 꿈
자신과 집안을 둘러싼 문제가 해결되고 일이 잘 풀리게 된다.

● 윗사람(아는 사람)이 자신에게 절하는 꿈
청탁받을 일이 생기고 그 사람의 일을 도와주거나 봉사해줄 일이
생긴다.

● 자기가 절을 하는데 상대가 받지 않고 외면하는 꿈
청탁이 안 되고 사업이나 일이 난관에 부딪히게 된다.

● 돌아가신 할아버지에게 절하는 꿈
재산 상속이나 추진하고 있는 일이 성공해 돈이 들어온다.

● 불상 앞에서 공양을 올리는 꿈
근심이 해소되거나 자식이 태어나는 태몽이다.

● 자신이 누군가를 몹시 화나게 하고 있는 꿈
대인관계가 잘 풀려 금전적이나 일에서 이득이 생긴다.

● 상대방이 자신에게 화를 내는 꿈
자신의 어떠한 잘못된 행동이나 일처리에 대한 경고다.

● 서럽게 울면서 대성통곡하는 꿈
막혀있던 문제가 한꺼번에 시원하게 풀린다.

● 식구들이 자기 앞에서 대성통곡하는 꿈
자신의 건강에 주의해야 한다.

● 어떤 여자가 서럽게 우는 꿈
불길한 일이 다가오기 때문에 조심해야 한다.

● 아는 사람이 우는 꿈
그 사람에게 불행이나 슬픈 일이 생겨 자신에게도 그 영향이 미친다.

● 자신이 혼자서 우는 꿈
근심과 걱정이 사라져 축하받을 일이 생긴다.

● 즐겁게 웃으면서 노래하고 춤을 추는 꿈
깊은 절망이나 슬픔에 빠진다.

● 자신이 미친 듯이 웃는 꿈
절망감을 맛보거나 주변사람으로 인해 슬픔을 겪게 된다.

● 아는 사람과 호탕하게 웃는 꿈
그 사람과의 의사소통이 일치한다.

● 모르는 여자가 미친 듯이 웃는 꿈
어떤 흉계나 구설수에 휘말릴 수 있다.

● 사람들 앞에서 노래 부르는데 망신당한 꿈
사랑하는 사람에게 마음을 전달하지 못함을 의미한다. 대인관계의
오해이기도 하다.

● 슬픈 노래를 처량하게 부르는 꿈
애인과의 이별이 다가와 자신의 마음이 착잡해짐을 말한다.

● 신나게 노래를 부르는 꿈
슬픈 일이 생긴다.

● 자기 혼자서 노래하는 꿈
자신이 말하고 싶은 것을 여러 사람 앞에서 분명히 말하고 싶다는
소망을 나타낸다.

● 노래를 부르는 꿈
자기의 매력을 대담하게 표현하고 싶은 소망을 나타낸다.

● 노래를 부르는 것을 지휘하는 꿈
가까운 시일 안에 리더로서 활약할 것이다.

● 어린시절에 형제와 놀던 꿈
성(性)적인 문제를 말한다.

● 어린시절 친구들과 노는 꿈
아무런 근심 없이 살고 싶은 현신도피의 심리가 담겨있다.

● 보물찾기하는 꿈
보물을 많이 찾을수록 일이나 결과가 좋아진다.

● 숨바꼭질하는 꿈
일에 어려움이 생겨 고민한다.

● 가위 바위 보 게임하는 꿈
자신이 자꾸만 이기면 일의 성과나 성공을 의미하고, 계속지면 패배나 실패를 의미하고, 비기면 상대와의 대립을 의미한다.

● 화투치는 꿈
따면 돈의 횡재가 있고 잃으면 돈이 나간다.

● 성냥을 그어 불을 붙이는 꿈
작은 사업이 방도나 능력에 의해서 크게 성공한다.

● 성냥이 젖어 불이 잘 붙지 않아 수십 차례 그어 대는 꿈
청탁, 사업 등에 있어서 여러 차례의 수속, 절차를 밟거나 많은 액수의 자금이 소비된다.

● 성냥갑을 한 트럭 정도 실어오는 꿈
소망이 이루어져 큰 부자가 된다.

● 젖은 성냥갑을 부뚜막에서 말리는 꿈
어느 기관에 청탁할 일이 있고 생긴다. 아니면 성냥이 말라 불이 붙고 연쇄적으로 폭발하면 순조롭게 일이 잘 진행된다.

● 처녀가 재떨이를 얻은 꿈
어려운 일이나 격한 감정을 잘 컨트롤해 줄 수 있는 남자를 만나게 된다.

● 이불을 펴고 누울 자리를 마련하는 꿈
어떤 사업을 시작하거나 병의 시초가 될 수도 있다.

● 이불을 덮고 누워있는 꿈
사업이 한창 진행 중이거나 병이 오래 갈 수가 있다.

● 이불을 걷어 올리는 꿈
사업을 끝내거나 중단하고 새로운 대외적인 사업에 돌입하게 된다.

● 쌓아놓은 이불 속에서 동물이 나오거나 물건을 꺼내는 꿈
오랜 연구 끝에 어떤 성과를 보게 된다.

● 이불을 갈기갈기 찢는 꿈
사업이나 결혼생활 등에 파탄이 온다.

● 비단이불을 보는 꿈
결혼생활이나 사업 등이 잘되고 화려하며 경력 또한 다채로워진다.

● 주인이 내주는 방석을 깔고 앉는 꿈
어느 기관 또는 회사에 취직이 되거나 직책이 주어진다.

● 꽃방석을 깔고 앉아 붉은 과일을 먹는 꿈
데이트를 하거나 좋은 직책에서 수월한 일을 하게 된다.

● 침대를 방으로 새로 들여오는 꿈
사업기반이 마련되고 미혼자는 결혼하게 된다.

● 항상 쓰던 침대를 밖으로 들어내는 꿈
사업의 중단, 전업, 이혼 등의 일이 있게 된다.

● 환자가 되어 병원 환자용 침대에 누워있는 꿈
어느 기관에서 직무에 시달리게 되고, 진찰대에 누우면 직무성적
을 평가받게 되며, 수술대에 누우면 업적을 검토 받을 일이 생긴다.

● 침대 위로 뱀이 기어오르는 꿈
정부를 갖게 된다.

● 뱀이 자기 몸을 감는 꿈
간통, 임신하게 되며 권리나 지혜가 주어지기도 한다.

● 화려한 장롱이 방안에 가득 찬 것을 보는 꿈
많은 협조자, 협조기관을 얻게 되고 살림과 결혼생활 등이 윤택해
진다.

● 보석이나 금화를 금고에 넣어두는 꿈
재산을 어느 기관에 위탁하거나 생계가 마련된다.

● 집안에 놓아둔 작은 금고의 다이얼을 돌리는 꿈
부모에게 돈을 달라고 간청한다. 또한 금고가 열리면 소원이 이루
어진다.

● 자리 위에 화문석을 까는 꿈
귀한 손님이 오거나 어떤 권리가 주어진다.

● 새로운 책상에 앉는 꿈
새로운 직무 또는 권리가 주어진다.

● 허름하고 낡은 책상에 앉는 꿈
직책, 권리, 지위 등이 강등되거나 견책 받을 일이 생긴다.

● 책상 면이 다른 사람보다 넓은 꿈
그 부서에서 책임자 또는 우두머리가 된다.

● 교실 맨 뒤에 앉는 꿈
윗사람의 영향이 직접적으로 미치지 않는 자유분방한 일을 하게
된다.

● 공원벤치에 앉아 있는 꿈
군대, 병영, 기관, 공공단체에서 직책, 부서 등에 한동안 머무름을
뜻한다.

● 솥이 깨지는 꿈
사업, 생계 및 기타 소원의 경향이 실패로 돌아가거나 가환이 생긴다.

● 솥이나 냄비를 얻는 태몽
태아가 장차 어떤 사업체를 운영하게 됨을 예시한다.

● 조상들이 쓰던 밥그릇을 얻는 태몽
태아가 장차 가업을 계승하거나 전통적인 일에 종사하게 됨을 예
시한다.

● 식당에 많은 식기를 쌓아놓은 것을 보는 꿈
어느 기관에서 많은 사람을 부리거나 사업성과를 얻게 된다.

● 접시를 깨는 꿈
계약, 혼담 등이 깨지고, 꿈에서 고의로 깨면 소원이 성취된다.

● 은잔, 금잔 등의 컵을 얻는 꿈
명예로운 일에 좋은 협조자나 방도가 생긴다.

● 처녀가 유리잔을 얻는 꿈
활발하고 시원스런 배우자를 맞이한다.

● 금이 간 컵을 얻는 꿈
사업기반, 회담, 배우자 등에 흠이 있거나 완전하지 못함을 뜻한다.

● 수저를 얻는 태몽
태아가 장차 사업가가 되거나 식생활에 궁핍을 느끼지 않음을 예
시한다.

● 수저를 잃어버리거나 부러뜨리는 꿈
사업방도, 수단, 능력, 고용인, 식구 중 하나를 상실하거나 일이
중단된다.

● 큰 함지박에 물이 가득 찬 것을 보는 꿈
많은 돈이 생긴다.

● 독 뚜껑을 열어놓은 것을 본 꿈
가까운 시일 안에 사업, 재물 등이 생기고 뚜껑이 덮인 것을 보
면 상당히 오랜 시일 후에 사업성과를 얻거나 재물을 얻는다.

● 암벽을 타고 오르다가 자일이 끊어지거나 풀어져 아래로 떨어지는 꿈
의지가 되는 협조자, 협조기관, 직장과의 인연이 끊어지거나 신
분, 직위, 권세 등이 몰락한다.

● 뒤주에 쌀이 가득한 꿈
생활형편이나 사업이 번창해지고, 쌀이 없으면 사업자금이나 연
구자료 등이 고갈된다.

● 뒤주 속에 쌀은 없고 송장이 있는 꿈
어느 기관에 청탁한 일이 성취된다.

● 처녀가 꽃병을 얻거나 훔쳐가는 꿈
흠모하는 남성과 결혼하게 된다.

● 루비목걸이를 목에 걸고 가슴을 쭉 펴는 꿈
선한 옥신과 약신이 들어와 사랑, 행복, 건강 등을 가져다준다.
수도, 종교귀의, 입학, 합격, 승진, 당선, 취득, 승리, 재물, 돈 등이
있고 꿈과 희망을 맞이한다.

● 부녀자의 유방이 커다랗게 부풀어 오르는 꿈
장차 잉태를 하거나 재물 또는 미혼자에게는 배필이 생긴다.

신체의 특정부위에
관계된 꿈

● 크고 아름다운 여성의 가슴을 보는 꿈
건강이 좋아지고 생활이 안정되며 행복해지게 된다.

● 목욕을 하기 위해 옷을 벗는 꿈
자신의 행동이 떳떳하므로 아무것도 감추지 않고 솔직하게 표현한다.

● 맹인이 눈을 뜨는 꿈
자신이 맹인이었다가 눈을 뜨면 어려웠던 일들이 일시에 해결되고 막혔던 운세가 찾아온다.

● 머리가 여러 개 된 꿈
하는 일마다 순조롭게 풀리고 출세하게 된다.

● 머리카락이 하얗게 된 꿈
머리가 전체적으로 하얗게 변하면 한동안 고전을 면치 못하던 일이 성공적으로 전환되고 무병장수하게 된다.

● 목구멍의 가래를 토해내는 꿈
한동안 막혔던 일이 호전되어 활기를 띠고 생활에 안정을 되찾는다.

● 온몸에서 피고름이 나는 꿈
모든 일이 성공하게 되고 금전적으로도 넉넉해진다.

● 배에서 무엇인가를 꺼내는 꿈
뱃속에서 무엇인가를 꺼내면 기쁜 소식을 듣거나 오랫동안 연락이 두절됐던 사람과 반갑게 만나게 된다. 배를 갈라서 내장을 꺼내면 어떤 일의 핵심을 맡거나 책임지고 관리하게 된다.

● 이성의 성기를 만지는 꿈
남성이 여성의 성기를 만지면 누군가와 새로운 사업을 도모하거나 어떤 사람이나 물건에 대해 평가를 내리게 된다.

● 손이 엄청나게 커지는 꿈
자신의 영향력이 널리 미치거나 사업이 크게 확장된다.

● 얼굴을 단장하는 꿈
면도를 하면 진행 중인 일이 막힘없이 잘 풀리게 된다. 화장을 하면 누군가에게 원조를 청하거나 새로운 인연을 만나게 된다.

● 이가 빠지는 꿈
모조리 빠지면 새로운 사업을 모색하는 등 자신의 전체생활에 커다란 변화를 맞게 되고, 일부가 빠지면 부분적인 변화가 생기게 된다. 하나의 이가 빠지면 가까운 사람이 죽거나 생이별을 하게 된다. 앓던 이가 빠지면 속을 썩여오던 문제가 시원하게 해결되거나 부하직원이 회사를 그만두게 된다.

● 음식물을 허겁지겁 먹는 꿈
자신의 임무를 어려움 없이 즐거운 마음으로 완수하게 되고, 수저로 부지런히 먹으면 여러가지 수단을 동원하여 일을 처리하면서 자신의 능력을 발휘하게 된다.

● 코피가 나는 꿈
매사가 술술 잘 풀린다.

● 입안에 털이 나는 꿈
재복이 있어 편안하고 풍족한 삶을 영위하게 된다.

● 입으로 보석을 토하는 꿈
커다란 은혜를 입는다.

음식에
관계된 꿈

● 술이 병에 담긴 꿈
생활이 부유해진다.

● 아내나 정부에게 술을 권하는 꿈
그들 남녀간의 애정은 변함없다.

● 남편에게 술을 권하는 꿈
부인은 오래지 않아 임신하게 된다.

● 벗과 함께 술을 마시는 꿈
생활이 행복하게 지속된다.

● 술을 보기만 하고 마시지 않는 꿈
굶주림을 겪게 된다.

● 술을 파는 꿈
친한 사람과 충돌이 생긴다.

● 벗에게 술을 선물하는 꿈
생활이 행복하고 아무런 근심걱정이 없다.

● 술을 크게 한 모금 마시는 꿈
재난이 닥칠 가능성이 있다.

● 술을 맘껏 마시는 꿈
결혼할 길몽이지만 환자가 꾸었다면 병세가 악화된다.

● 위 인사와 술을 실컷 마시는 꿈
운수가 좋아 관운이 형통하고 이름이 천하에 날린다.

● 남을 양식집에 초대하여 술대접하는 꿈
당신의 명성과 위엄이 크게 떨치고 관운이 형통할 것이다.

● 자신이 술을 마시는 꿈
보배로운 재물이 들어올 좋은 징조이다.

● 다른 사람이 술 마시는 꿈
이는 일 처리에 덤벙거려 자신이 손해를 입게 된다.

● 산유나 단맛 나는 음료를 마시는 꿈
좋은 운수가 생긴다.

● 우유를 본 꿈
병에 걸릴 수 있다.

● 우유를 마시는 꿈
이는 커다란 손실을 입게 된다.

● 우유를 파는 꿈
운수가 좋다.

● 우유를 바닥에 엎지른 꿈
고위직에 오르게 된다.

● 어린이에게 우유를 먹이는 꿈
이 꿈을 꾼 여자의 집안이 행복하고 평안해진다.

● 물소의 젖을 짜는 꿈
많은 유산을 상속받게 된다.

● 염소젖을 짜는 꿈
당신이 영예를 획득한다.

● 과즙을 마시는 꿈
신체가 건강하고 생활이 부유하고 행복하다. 기혼여자는 임신하
게 되고, 상인은 장사에서 이익을 보게 된다. 환자는 머지않아 신
체가 건강하게 된다.

● 아내가 과일주스를 마시는 꿈
아내가 병에 걸려 의료비 지출이 많아질 것이다.

● 남이 과일주스를 마시는 꿈
당신이 하는 모든 일이 틀어지기 시작할 것이다.

● 남편이 과즙을 마시는 꿈
오래지 않아 남편과 별거할 것이다.

● 친구가 과즙을 마시는 꿈
당신이 공금을 횡령할 것이다.

● 과일 주스를 만드는 꿈
당신에게 손실이 있을 것이다.

● 남에게 과즙을 주는 꿈
사람들이 당신을 좋아할 것이다.

● 남이 준 과즙을 받는 꿈
새로운 친구를 사귀게 될 것이다.

● 차를 마시는 꿈
미혼 남자가 이런 꿈을 꾸면 어진 여자와 결혼하게 되고, 미혼 여자는 돈 많은 상인에게 시집을 가게 된다. 열애중인 남자가 이 꿈을 꾸면 그들의 애정이 더욱 깊어진다. 상인은 해외로 출국하고, 환자에게는 귀한 손님이 찾아온다.

● 남편에게 찻잔을 권하는 꿈
임신부가 머지않아 분만하게 된다.

● 차를 끓이는 꿈
재수 없는 그날이 다가온다.

● 수많은 식량을 본 꿈
당신에게 낙심할 일이 생긴다. 여자가 이 꿈을 꾸면 경제가 쪼들린다.

● 양식이 떨어진 꿈
당신에게 재물은 늘어나지만, 지출은 줄어들게 된다.

● 식품을 받는 꿈
장사에서 온 힘을 기울이면 큰돈을 벌게 된다.

● 식품을 공급하는 꿈
지갑에 돈이 떨어진다.

● 밥을 본 꿈
사업이 순조롭게 진행된다.

● 밥을 먹는 꿈
병에 걸리게 된다.

● 아침밥을 먹는 꿈
어리석은 일을 하게 된다.

● 밥을 짓는 꿈
남자가 이 꿈을 꾸면 딴 살림을 차릴 징조이다.

● 산 사람에게 밥을 먹이는 꿈
재산과 보물이 들어올 길조다.

● 죽은 사람에게 밥을 먹이는 꿈
질병과 굶주림을 의미한다.

● 산해진미를 먹는 꿈
큰 재난이 생길 것이다.

● 조밥에 된장국을 먹는 꿈
운동경기에서 일등을 한다.

● 쌀밥을 먹는 꿈
큰돈을 벌어서 대단히 기쁘다. 기혼 여자가 꿈에 쌀밥을 먹었다면
해산하게 된다. 미혼 남자는 오래지 않아 결혼하게 되고, 환자는 건
강을 회복하게 된다.

● 김치를 먹는 꿈
당신의 건강은 갈수록 나빠질 것이다. 기혼 남자가 김치를 먹었다
면 결혼식에 초대되어 갈 것이고, 미혼 남자는 연인을 더욱더 사랑하
게 될 것이다. 환자가 꿈에 김치를 먹었다면 건강이 회복될 것이다.

● 김치를 만드는 꿈
집안 살림에 근심걱정이 모두 없어진다.

● 김치를 파는 꿈
벗이 손실을 보게 된다.

● 남에게 김치를 주는 꿈
가장 친한 벗과 소식이 끊어진다.

● 상한 김치를 먹는 꿈
재난에 부딪치게 된다.

● 야채 국을 보는 꿈
오래지 않아 기쁜 소식이 들리게 된다. 여자 꿈에 야채국을 봤다면
오래지 않아 초청되어 결혼식에 참석하게 된다.

● 야채 국을 먹는 꿈
이는 오래지 않아 귀중한 예물을 선물 받게 된다. 기혼 여자가 이
런 꿈을 꾸면 임신하게 되고 환자는 병세가 호전된다. 상인은 출국
하여 큰돈을 벌게 된다. 하지만 여행자가 꿈에 야채수프를 마셨다
면 여행 중에 병이 생긴다.

● 남에게 야채 국을 주는 꿈
집에 기쁜 일이 생긴다.

● 싱싱하지 않은 고기를 먹은 꿈
병에 걸리게 된다.

● 익은 고기를 먹는 꿈
경제적으로 부유하게 된다.

● 생육을 먹는 꿈
집안에 분쟁이 생긴다.

● 인육을 먹는 꿈
크게 돈을 벌어 백만장자가 된다.

● 자신이 살찐 뚱보가 된 꿈
앞으로 부자가 되고, 옷차림에 신경 쓰게 된다.

● 고기장사를 하는 꿈
마음에 드는 연인과 결혼하게 된다.

● 정육점 꿈
집안 살림이 궁하게 된다.

● 고기를 삶은 꿈
장사가 점점 나아지게 된다.

● 고기가 썩은 꿈
병에 걸리게 된다.

● 사자고기나 혹은 승냥이 고기를 먹는 꿈
당신의 신경이 혼란스러워 진다.

● 머리를 떼버린 짐승의 고기를 먹는 꿈
돈을 벌게 된다.

● 밀가루 부침개를 본 꿈
이는 배불리 먹지 못하거나 혹은 굶어 죽는다.

● 불에 구운 떡이 많이 있는 꿈
생활이 부유해진다.

● 부침을 만드는 꿈
이러한 꿈은 여인의 생활이 근검함을 의미한다.

● 부침개를 여러 사람에게 나눠주는 꿈
좋은 이름이 널리 알려질 징조다.

● 부침개를 태우는 꿈
누군가 죽을 흉몽이다.

● 부침개를 사는 꿈
장사가 잘 된다.

● 토스트 꿈
기쁜 소식이 들린다. 여인이 이 꿈을 꾸게 되면 오래지 않아 초청
되어 친정으로 가게 된다.

● 빵을 먹는 꿈
생활이 즐겁고 행복하다. 여인이 이 꿈을 꾸면 아이의 신체가 튼튼
할 것이고, 상인은 장사가 번창하게 된다. 환자가 이 꿈을 꾸면 건
강이 회복되며, 여행자가 꿈에 토스트를 먹었다면 성공된 여행을
하게 된다.

● 소시지를 먹는 꿈
남자는 파산할 것이고, 여자는 배가 아플 것이다.

● 고추를 원료로 해서 만든 음식 먹는 꿈
활동적이고 추진력이 요망되는 직업을 얻게 된다.

● 된장, 고추장 항아리에 구더기가 득실거리는 꿈
사업자금으로 마련했던 돈을 예상 밖의 일에 투자하게 된다.

● 반찬거리가 부엌에 쌓여있는 꿈
사업을 계획해 놓고도 자금이 없어 실행에 옮기지 못했지만 사업자금이 해결되어 사업을 시작한다.

● 산더미처럼 많은 파와 마늘을 소유한 꿈
사업자금이 충분하게 마련되며 세상이 깜짝 놀랄 일을 하게 된다.

● 애인과 함께 빙과류를 사 먹는 꿈
미진하던 혼담이 급작스럽게 성사되고 상대방에 대해 갖고 있던 나쁜 감정이 해소된다.

● 소금과 연관된 꿈
예기치 않았던 걱정거리가 생긴다.

● 설탕을 사용하는 꿈
작품을 만들거나 일을 할 때 좋은 기분으로 하며, 그 일의 결과에 많은 사람들이 감탄한다.

● 정육점에서 고기 사오는 꿈
많은 액수의 금전거래를 계획했지만 예상이 빗나가 적은 액수의 거래밖에 이루어지지 않는다.

분비물, 배설물에
관계된 꿈

모자, 신발, 옷,
소지품, 일상생활에
관계된 꿈

● 슬퍼서 하염없이 눈물을 흘리는 꿈
실제로는 꿈과 반대로 오랫동안 지속될만한 기쁜 일이 생기게 되고, 사람들에게 자신을 과시하거나 축하받게 된다. 또 누군가에게 자신에 관한 일을 공개하게 된다.

● 대변을 만지는 꿈
수북하게 쌓인 대변을 손으로 주무르면 막대한 재물을 자신의 마음껏 운용하게 된다. 어린아이가 대변을 만지며 노는 것을 보아도 자신에게 돈이 들어오게 된다.

● 땀을 뻘뻘 흘리면서 시원하게 생각하는 꿈
기력이 왕성하고 매사에 활기가 넘치며 추천을 받거나 계약을 하게 된다.

● 자신이 본 소변이 내를 이루거나 마을이나 도시를 덮는 꿈
머지않아 엄청난 권세를 지니게 되거나 막대한 자본을 손에 넣게 되며, 자 신의 영향력을 세상에 과시하게 된다.

● 가래침을 시원하게 뱉는 꿈
오랫동안 소망해오던 일을 이루게 된다.

● 생리 혈이 소변처럼 많이 쏟아지는 꿈
바라던 것을 이루게 되며 행복한 날들이 지속된다.

● 왕관을 쓰는 꿈
자기의 모습을 남에게 자신 있게 과시할 일이 생긴다.

● 모자를 새것으로 구입한 꿈
신분증의 갱신, 입사, 입학 등을 하게 된다.

● 사각모를 쓰는 꿈
학문, 공로 등을 통해서 자신을 인정받는다.

● 짚신을 신는 꿈
집, 가정부, 고용인 등을 얻는다.

● 자기 외에 친척들이 굴건을 쓰고 있는 꿈
유산분배, 유산문제로 서로 시비가 생긴다.

● 부인이 족두리를 쓰고 거울을 들여다보는 꿈
권력을 쥔 친척을 만나거나 반가운 사람을 접대한다.

● 군인이 단체로 철모를 쓰는 꿈
하고 있는 일이 날로 번창한다.

● 새 신이 발에 딱 안 맞는 꿈
하고 있는 일이 분수에 맞지 않거나 불안하다.

● 타인이 새 관을 만들어 씌워주는 꿈
자격증, 주민등록증, 신분증 등을 갱신한다.

● 신고 있던 신을 잃어버린 꿈
직장, 재물, 부동산, 부모 등 자신이 의지하던 곳에서 화근이 생긴다.

● 감투를 새로 만들어 쓰는 꿈
남에게 자신의 모습을 자신 있게 과시한다.

● 다 떨어진 신을 신는 꿈
직업, 사업, 동업자 등이 무력해지거나 질병이 생긴다.

● 자기 신을 못 찾고 남의 신을 찾는 꿈
직장, 사업, 배우자, 주택 등이 바뀌게 된다.

● 군인들이 군모를 여기저기에 벗어 놓은 꿈
군인은 임무를 완수하고 제대한다.

● 모자에 금은보석, 과일, 재물 등을 담는 꿈
좋은 아이디어를 개발하여 이득을 본다.

● 사병이 장교 모를 쓰는 꿈
자신의 일이 남에게 인정을 받거나 상사의 보호를 받는다.

● 모자를 쓰지 않은 경찰관 꿈
기자, 회사원, 기관원 등과 접촉할 일이 생긴다.

● 신발을 얻는 꿈
이것이 태몽이라면 자수성가를 해서 세인의 이목을 한 몸에 받는다.

● 구두 두 켤레가 우편으로 배달되는 꿈
외국서적을 보거나 여권이 나온다.

● 모자를 태우거나 찢어버리는 꿈
새로운 것을 시도하려고 계획을 세운다.

● 어른이 학창시절로 돌아가 학생모를 쓴 꿈
학업, 연구 등에 몰두하거나 단체에 가입한다.

● 화려한 옷을 입는 꿈
사업, 신분, 직위 등이 향상되고 좋은 사람을 만나게 된다.

● 맞춰 입은 옷이 몸에 꼭 맞지 않는 꿈
주택, 배우자, 직업 등에 불만이 많아진다.

● 행주치마에 손을 닦는 꿈
시집간 딸이 친정으로 온다.

● 처녀가 웨딩드레스를 입는 꿈
결혼, 취직 등이 성사되고 새로운 동업자를 만난다.

● 누더기 같은 옷을 입는 꿈
타인에게 멸시를 받거나 부동산, 사업 등이 하락한다.

● 흰 상복을 입는 꿈
여러 방면으로 유산을 상속받는다.

● 금은보화로 된 단추를 달고 있는 옷을 입는 꿈
좋은 동업자를 만나서 일이 순조롭게 풀린다.

● 옷을 선물 받는 꿈
일반적으로 취직, 동업자 등이 나타난다.

● 빨래를 말리는 꿈
자신의 모습을 남에게 과시한다.

● 옷을 세탁해 입는 꿈
불안했던 마음이 정리되고 새로운 일을 추진한다.

● 옆 사람이 새빨간 옷을 입고 있는 꿈
상대방과 시비가 엇갈려 마음이 불쾌해진다.

● 핑크색 옷을 입는 꿈
다른 사람에게 사랑을 받거나 질병에 걸릴 염려도 있다.

● 벨트가 풀어지자 없어지는 꿈
압박 받은 곳에서 해방되고 일의 청탁, 결연 등이 수포로 돌아간다.

● 상의를 잃어버려 찾지 못하는 꿈
상관, 동업자, 거래처 등에서 신용을 잃는다.

● 웨딩드레스를 입고 결혼식을 올리는 꿈
계모임, 동창회, 단체기관 등에서 자신이 주도권을 잡는다.

● 걸치고 있던 옷을 상대방에서 벗어주는 꿈
상대방이 책임을 대신 질 일이 생긴다.

● 옷을 우물가에서 세탁하는 꿈
과거를 청산하고 새롭게 모든 일을 시작한다.

● 노란색이나 황금색 옷을 걸치는 꿈
남의 이목을 한 몸에 받는다.

● 옷을 보자기에 싸고 있는 꿈
많은 사람을 고용한다.

● 잠옷을 입는 꿈
주택, 취직, 반려자 등을 얻는다.

● 예식장에 상복을 입은 사람의 꿈
단체의 주도권을 잡거나 돈을 지불할 일이 있다.

● 각기 다른 천으로 누덕누덕 옷을 기워 입은 꿈
다른 사람의 도움으로 하고 있는 일을 계속 이어나간다.

● 흰눈같이 하얀 옷을 입고 있는 꿈
여러 방면으로 일이 순조롭게 풀린다.

● 양품점에서 옷을 산 꿈
동업자, 신분증, 서적 등을 얻는다.

● 상대방이 어두운 옷을 입는 꿈
상대방을 만났는데 그 사람에 대해서 정확한 기억을 할 수 없다.

● 옷 한 벌을 갖추어 입는 꿈
하는 일이 모두 만족스럽다.

● 예복, 관복 등을 입는 꿈
다른 사람을 통해서 은혜를 입거나 출세한다.

● 유니폼을 벗고 사복을 착용한 꿈
어떤 단체에서 잠시 불러나게 된다.

● 속내의만 입고 걸어 다니는 꿈
하고 있는 일이 불안하거나 동업자의 혜택을 충분히 받지 못한다.

● 벗어두었던 옷을 찾지 못한 꿈
의지하고 있었던 곳에서 탈피하고 근심걱정이 사라지지 않는다.

● 옷이 물에 흠뻑 젖은 꿈
신분, 사상 등이 크게 변하고 환경에 쉽게 적응한다.

● 외투를 벗어 옷걸이에 거는 꿈
직접영향을 받는 협조기관, 동업자와 관계를 끊게 된다.

● 여러 사람이 수영복을 입고 있는 꿈
이념서적을 보거나 당선, 복권 등과 관계된다.

● 작업용 장갑을 세탁하는 꿈
협조자와 일이 잘 이뤄지지 않는다.

● 상대방이 비단보를 준 꾼
진행 중이던 혼담이 성사된다.

● 검정 옷을 세탁하여 걸어놓는 꿈
부모와 이별하게 된다.

● 관복과 활옷을 입은 꿈
동업자, 결혼 상대자, 자손 등을 얻게 된다.

● 푸른색 계통의 옷을 입는 꿈
성실한 사람을 만나게 된다.

● 낡은 옷을 입는 꿈
질병에 걸리고 주택, 동업자, 신분 등이 쇠퇴한다.

● 여자의 옷을 벗기는 꿈
차용증서, 문서 등을 다시 확인해 볼 일이 생긴다.

● 상대방이 회색 옷을 입은 꿈
이중성격을 가진 사람을 만난다.

● 양말, 버선, 스타킹 등을 벗는 꿈
의지하고 있었던 여러 곳에서 인연을 끊거나 한동안 만나지 않는다.

● 임금이 입는 곤룡포를 입는 꿈
사회적으로 세인들에게 인정을 받는다.

● 이유도 없이 옷을 갈기갈기 찢는 꿈
직장, 동업자, 부부, 친척 등과 멀어진다.

● 흰옷을 입는 꿈
순진무구함을 나타내고 유산상속자와 관련이 있다.

● 분비물이 묻어 있는 옷을 세탁하는 꿈
근심, 걱정이 해소되고 물적 증거가 없어진다.

● 중환자가 새 옷을 입고 집주변을 돌아다니는 꿈
그 사람 또는 그와 비슷한 사람이 화를 당한다.

● 누런 비옷을 입는 꿈
여러 방면으로 유산상속을 받는다.

● 붉은 관복을 입는 꿈
사회생활에서 다른 사람이 자신을 인정해 준다.

● 여자가 목에 넥타이를 매어주는 꿈
상대방이 자기의 의사를 잘 따라주기를 바란다.

● 비단보에 그림과 글자가 수놓아져 있는 꿈
자기의 사생활에 대해서 다른 사람이 시비를 걸어온다.

● 황금띠, 관대 등을 착용하는 꿈
취직이 되거나 자손을 많이 얻게 된다.

● 물 속에 들어가도 옷이 젖지 않는 꿈
자기의 주장을 내세우지 못하고 주변 환경에 그대로 적응한다.

● 다듬질하는 꿈
사업의 착수, 연마, 보완 등과 관계가 있다.

● 군복 대신 사복을 입는 꿈
빠른 시일 내에 휴가를 나온다.

● 검정 치마에 해를 받아 오색찬란한 속치마로 변한 꿈
태몽이라면 일정한 시기가 지나면 남들이 자신을 인정해 줄 자손
을 얻는다.

일반 소지품에
관계된 꿈

● 안경 꿈
일반적으로 동업자, 지혜, 통찰력, 선전 등의 일을 나타낸다.

● 안경 쓴 사람과 마주보는 꿈
상대방이 자기에 관해서 여러모로 알려고 한다.

● 벗어놓은 안경을 다시 쓰는 꿈
동업자를 만나 도움을 받는다.

● 여자가 수건을 쓰고 앉아 있는 꿈
자기의 주장을 다른 사람이 받아주지 않는다.

● 우체부가 배달한 가방이 열려 있는 꿈
여러 곳에서 소식이나 편지가 온다.

● 담배꽁초를 버린 곳에서 불이 나는 꿈
고민하고 있던 일이 순조롭게 풀린다.

● 상아로 된 파이프 꿈
사회적으로 인정을 받거나 좋은 작품을 쓴다.

● 손수건을 새로 구입하거나 만든 꿈
고용인, 가정부 등을 구하거나 계약서를 쓸 일이 생긴다.

● 쌍지팡이를 짚고 걷는 꿈
동업자와의 일이 잘 해결된다.

● 무거운 책가방을 방에다 놓고 나오는 꿈
근심걱정이 해소된다.

● 시계를 선물 받는 꿈
동업자, 재물, 직장 등을 얻는다.

● 라이터를 남에게 주는 꿈
하고 싶은 일이 뜻대로 이루어지지 않는다.

● 남이 준 손수건을 받는 꿈
남의 고용인이 되거나 도움을 받고 그의 뜻에 동조한다.

● 시계가 고장 난 꿈
집안사람이 병들거나 사업이 부진해지고 교통사고를 당할 일이
있다.

● 승리한 후 수건을 머리에 동여매는 꿈
정신적으로 어려운 문제에 부딪치지만 잘 극복해 나간다.

● 재떨이를 얻는 꿈
태몽이라면 카운슬러나 경리 등에 관계된 직업을 가진 자손을 얻
는다.

● 담뱃대를 새로 사는 꿈
직장이 알선되거나 사업을 시작한다.

● 안경을 새로 구입해 사용하는 꿈
주변에 있는 모든 것이 새롭게 단장된다.

● 신분증을 제시하고 검문소를 통과하는 꿈
증명서를 남에게 보여주거나 정신적, 육체적 고통에서 해방된다.

● 시계가 소포로 발송되는 꿈
주어진 임무를 성실하게 수행한다.

● 금테안경을 쓰는 꿈
어떤 단체에서 자신을 인정해준다.

● 지갑에 지폐가 가득 들어 있는 꿈
어떤 방면으로 만족할만한 재물이 생긴다.

● 여러 사람들이 수건을 동여매고 뛰는 꿈
남의 명령에 굴복하고 자기주장을 내세우는 사람을 접하게 된다.

● 가방 속에 문서가 수북이 쌓이는 꿈
하고 있는 일이 계획대로 잘 추진된다.

● 선글라스를 낀 사람 꿈
이중인격을 나타내는 사람과 접하게 된다.

● 옷을 세탁하는 꿈
직장을 바꾸게 된다. 그리고 분비물이 묻어있는 옷이라면 고민하
던 문제들이 해결되고 물적 증거가 없어지게 된다. 우물가에서 빨
래를 하면 지난 일을 모두 청산하고 새롭게 시작하게 된다. 맑은
개울에서 빨래를 하면 현재하고 있는 일이 평탄하게 진행되고 쉽게
직장을 얻게 된다. 옷을 세탁소에 가지고 가면 자신의 생활이나 잘
못을 반성해 보게 된다. 세탁한 옷을 물에 그대로 담가두면 새로운
직업을 가지게 되며 작업결과가 남의 이목을 끌게 된다.

● 옷에 금, 은, 옥 등의 값비싼 단추를 다는 꿈
권세와 명예를 얻는 등 지위가 높아지고 훌륭한 협조자를 만나게
된다.

● 거울을 보는 꿈
거울에 자신의 모습을 비추면 중개자나 매개물을 통해 어떤 일을
이루게 되거나 소식을 듣는다. 구체적으로 거울에 비친 자신의 모
습이 예뻐 보이면 아름다운 사람을 만나 어떤 일을 이루게 된다.

● 필기도구를 구하는 꿈
필기도구를 사거나 얻으면 성적이 향상되고 도움이 되는 벗을 사
귀게 된다.

● 빗을 본 꿈
원하는 일이 모두 순조롭게 성사된다. 또한 금으로 만든 빗을 보면
사랑하는 사람이 생긴다.

● 시계를 찬 꿈
고급스러운 손목시계를 차면 가족에게 좋은 일이 생기고 원하는
곳에 입학하거나 취직하게 된다. 손목시계가 너무 커서 몸에 감
길 정도면 뛰어난 능력으로 사회생활이나 가정생활을 주도해 나
간다.

● 바늘에 실을 꿴 꿈
어떤 조직에 들어가게 되거나 누군가와 결혼 또는 인연을 맺게 된다.

● 안경을 쓴 꿈
모든 문제들을 지혜롭게 풀어나가게 되고 금테안경을 쓰면 주위
로부터 인정받게 된다. 새로운 안경을 구해서 쓰면 자신의 생활이
새롭게 정리되거나 나아지게 된다. 안경을 벗어놓았다가 다시 쓰
면 혼자 힘으로 처리할 수 없는 일을 누군가의 도움으로 해결하게
된다.

● 지팡이가 변하는 꿈
지팡이가 다른 물건으로 변하면 지금보다 더 많은 권력과 능력 등
을 지니게 된다. 지팡이가 굵어지거나 길게 늘어나는 것도 마찬가
지로 자신의 권세나 능력이 확장된다.

● 재떨이를 터는 꿈
이해심이 많고 자상한 배우자를 얻게 된다. 만약 태몽이라면 카운
슬러나 회계사 등 일을 처리해 주는 직업을 가질 아이를 낳게 될
것이다.

● 음식이 갑자기 대변으로 변하는 꿈
음식을 먹으려는 순간 갑자기 대변으로 변해서 먹지 못하면 어떤
일이 완성되기도 전에 그것이 돈이 되거나 상품화가 된다.

● 음식을 삼켜버리는 꿈
장차 그 음식이 상징하는 일을 성취해내게 될 자손이 태어날 태몽
이다.

● 떡을 먹는 꿈
직접적으로 재물을 얻거나 돈이 되는 일거리를 얻게 된다. 많은
양의 떡을 혼자서 다 먹어치우면 일거리가 쇄도하여 한동안 바쁜
나날을 보내며 자신 의 능력에 대해서 자신감을 가지게 된다. 그리
고 태몽이라면 장차 부귀 영 화를 누리며 세상에 이름을 빛낼 아이
를 낳게 될 것이다.

● 밥공기를 얻는 꿈
뜻하지 않게 좋은 일이 생겨서 기뻐하게 될 것이다.

● 임금님이 손수 따라주는 어주를 받아 마시는 꿈
명예를 드높이게 될 중요한 임무를 맡게 되거나 높은 자리에 오르
게 된다.

● 여성이 꿈속에서 상복을 입고 있는 꿈
갑작스러운 유산을 상속받게 되거나 결혼을 하게 되고, 사업이 번
창하게 되거나 남편이 출세한다.

● 상복을 입고 있는 꿈
거래에서 이득을 보거나 계약이 유리하게 이루어지고 횡재한다.

● 꽉 끼는 옷을 입고 있는 꿈
심한 압박감에 시달리고 있으며 자신의 입지가 좁아져 불안하다.

● 아주 큰 외투를 걸치고 있는 꿈
지나친 허세에 대한 경고로 자신을 너무 과시하지 말라.

● 남자인데 여자 옷이나 화장을 한 꿈
추진하던 일이 꼬이고 막히게 되며 운이 따르지 않는다.

● 여자가 남장을 한 꿈
실력을 인정받아 큰일을 할 수 있는 기회가 주어진다.

● 누더기 옷을 입고 있는 꿈
새로운 전기를 맞아 생활의 활기를 띠게 된다.

● 아주 비싼 모피코트를 입고 있는 꿈
주위의 시샘이나 모함으로 곤경에 빠지거나 골치 아픈 일이 생긴다.

● 하얀 와이셔츠를 입고 있는 꿈
승진이나 허가 등의 기쁜 소식이 들려온다.

● 입고 있는 옷이 창피해 밖에 나가지 못하고 숨어있는 꿈
자신의 처지에 대해 불안해하고 있다는 증거다.

● 촌스러운 옷을 입고 있어서 남이 쳐다보는 꿈
자신의 어리석은 행동이나 태도로 인해 곤경에 처하게 된다.

● 아주 빨간 옷을 입고 집으로 들어간 꿈
화재에 주의해야 한다.

● 눈부시게 흰 드레스를 입고 출근하는 꿈
직장에서 신임을 얻어 능력을 인정받는다.

● 아주 짧은 미니스커트를 입고 출근하는 꿈
엉뚱한 일에 휘말려 골치를 썩이게 된다.

● 옷의 앞자락이 벌어져 가슴이 자꾸만 보이는 꿈
비밀이 폭로되어 망신이나 위신이 떨어진다.

● 바지 지퍼가 고장이나 올라가지 않아서 당황한 꿈
사소한일에 더 신경을 써야한다.

● 바지가 흘러내려 자꾸 신경 쓰는 꿈
행운이 가득한데, 지위가 상승하고 일이 잘 풀린다.

● 입고 있던 바지가 찢어져 있는 꿈
애인관계의 이상이나 친구관계의 고민이 생겨 마음의 불안이 생
긴다.

● 찢어진 옷을 꿰매는 꿈
경제적으로 이득이 생긴다.

● 찢어진 옷을 버리는 꿈
근심이 사라지고 안정과 풍요가 집안에 생긴다.

● 물벼락을 맞았는데 옷이 젖어있지 않은 꿈
감언이설에 주의하라.

● 자신의 치마가 바람에 훌러덩 까지는 꿈
자신의 비밀이 탄로나 곤란해질 수 있다.

● 비옷을 사거나 입고 있는 꿈
소망이나 돈이 들어온다.

● 흰옷 입은 사람들이 줄서 있는 꿈
우환이 있거나, 신변의 재난이나 경제적 손실이 따른다.

● 잠옷만 입고 있는 꿈
소외되거나 우울해진다. 옷장을 열었는데 옷이 없는 꿈은 부부간
의 갈등이 생긴다.

● 자기 옷을 이것저것 입어 보는 꿈
모처럼 좋은 기회가 생겨 혼자 애쓴다는 의미다.

● 자기의 옷을 다른 사람에게 나누어주는 꿈
자신의 불륜이 세상에 드러날 수 있다.

● 옷을 선물 받는 꿈
만사에 좋다,

● 누군가에게 옷을 입혀주는 꿈
자신이 노력한 일이 남의 차지가 되며 자신은 곤궁에 빠진다. 이와

반대로 누군가가 자신에게 옷을 입혀주는 꿈이라면 모든 일이 순조롭게 진행된다.

● 모르는 남자가 자신의 옷을 벗기는 꿈
남의 앞에서 수모를 당하거나, 자신의 능력을 자만하지 말아야 한다.

● 옷을 벗으면서 누가 훔쳐보나 싶어 불안해하는 꿈
인정을 받지 못해 불안하다.

● 자기의 옷을 빼앗긴 꿈
가까운 사람과 싸운 후 가까워지기 힘들어진다.

● 옷을 잃어버려 쩔쩔매는 꿈
빈곤해지거나 외로워진다.

● 옷감이나 비단을 선물 받는 꿈
혼담이 오가거나 연인을 만날 수 있다.

● 옷감을 받아서 새 옷을 만드는 꿈
취직, 결혼 등의 새로운 출발이 이뤄진다.

● 옷감에 수놓는 꿈
마음에 드는 사람을 만날 수 있다.

● 흰 옷감으로 바느질하는 꿈
주변에서 장례가 치러질 수 있다.

● 귀한 손님이 집에 찾아 왔는데 자신이 속옷 바람이라서 당황한 꿈
어떤 일에 끼어들고 싶지 않다는 거부감이나 참여를 하지 못한다.

● 속옷차림으로 밖에서 돌아다니는 꿈
곤란한 입장에 처하게 될 일이 생긴다.

● 속옷을 빨래하는 꿈
외면적인 모습보다 내면적인 것이 더 깨끗하다는 것을 말한다.

● 팬티를 사는 꿈
자신을 높이 평가해 능력을 인정받아서 좋은 기회가 찾아온다.

● 팬티를 벗는 꿈
상상력이나 창의력이 왕성해져서 능력을 발휘한다.

● 브래지어를 사는 꿈
대인관계의 원만함으로 최근에 한일이 잘 풀린다.

● 황금 브래지어를 입는 꿈
부귀 공명한다.

● 브래지어가 헐렁해서 자꾸만 내려가는 꿈
지나치게 경직되어 있으며, 일에 너무 집착해 독선이 될 수 있기 때문에 남의 말도 귀 기울여야 한다.

● 브래지어가 꽉 조여 가슴이 답답한 꿈
스트레스가 쌓여있는 것으로 마음의 여유를 가져야 한다.

● 신발을 선물 받는 꿈
교통사고를 조심하거나, 혹은 초청을 받아 결혼식에 참석하거나 여행을 떠날 수 있다.

● 새 신발을 본 꿈
새로운 친구를 사귈 가능성이 있다.

● 낚싯대에 신발이 줄줄이 걸려나오는 꿈
자신을 아끼고 돌봐줄 사람이 많아지거나, 자신의 조그만 실수가 커질 수도 있다.

● 신발장이나 현관에 신발이 가득한 꿈
사업 쪽으로 행운이 찾아온다.

● 신발을 사러갔는데 자신의 발에 맞는 신발이 없는 꿈
승진의 제외나 일의 어려움이 따른다.

● 남의 신발을 빌려 신고 다니는 꿈
외부의 후원으로 일이 잘 진행된다.

● 자기 신발을 내다버리는 꿈
친구, 직원, 동료가 문제를 일으켜 근심이 생긴다.

● 신발을 잃어버려 찾아 헤매는 꿈
찾았으면 아무 일이 없지만 못 찾으면 일에 어려움이 찾아온다.

● 신발 한 짝을 잃어버리는 꿈
이별수가 생길 수 있다.

● 도둑이 자기 신발을 훔쳐가는 꿈
연인관계나 부부관계에서 말다툼이나 좋지 못한 일이 발생할 수
도 있다.

● 짚신을 신고 다니는 꿈
흉몽으로 좋지 못한 일들이 생긴다.

● 하얀 구두를 신고 돌아다니는 꿈
사람들이 자신을 알아주지 않아 뛰려고 한다.

● 신발 없어 맨발로 나간 꿈
대인관계의 잡음이 생기거나 생활에 어려움이 따른다.

● 하이힐의 뒷 굽이 부러진 꿈
사랑에 실패를 할 수 있다.

● 새 구두가 자신의 발에 딱 맞아 편안한 꿈
좋은 상대를 만나 사랑에 빠질 수 있다.

● 양말이 없어진 꿈
자신의 위치가 불안해질 수 있다.

● 스타킹을 벗거나 입는 꿈
입는 꿈은 자신의 의욕이 넘치고. 벗는 꿈은 자신을 둘러싼 환경에 변화가 생긴다.

● 양말과 신발에 진흙이 잔뜩 묻어 더러워진 꿈
자신에 대한 주위의 평가가 나빠질 수 있다.

● 양말을 신으려고 서랍을 뒤지는 꿈
가족이나 친구가 잘 있는지 불안해하거나 그들과의 관계가 원만하지 못함을 나타낸다.

● 낡거나 구멍 난 양말을 신고 있는 꿈
권태감, 일의 불만, 초조한 심리의 표현을 나타낸다.

● 구멍 난(올이 풀린) 스타킹을 신어 창피해하는 꿈
돈을 잃어버려 안절부절못한다.

● 스타킹(양말) 세 켤레를 선물 받는 꿈
미혼인 경우 혼담이 들어오거나, 귀인이 당신을 도와준다.

● 스타이나 양말을 빨래하는 꿈
신분의 변화나 주위환경의 변화로 새로운 일이 생길 수 있다.

● 장갑을 사는 꿈
골치 아픈 돈 문제나 애정문제가 해결된다.

● 수술 장갑을 끼고 수술실로 들어가는 꿈
직장을 옮기거나 자기사업의 업종을 바꾸는 기회가 찾아온다.

● 털장갑을 선물 받는 꿈
고민이 풀리고 마음이 안정을 찾는다.

● 털장갑을 사서 낀 꿈
형제간에 우애가 깊어지고 집안일이 잘된다.

● 장갑을 잃어버린 꿈
배신이나 거절을 당해 난감해질 수가 있다.

● 하얀 면장갑을 끼고 있는 꿈
조만간에 중요한 사람을 만나거나 중요한 일이 생길 수가 있다.

● 암행어사 등이 쓰는 화관을 본인이 쓰고 있는 꿈
승진, 합격, 사업에서 거래처가 새로 생길 수 있다.

● 모자가 바람에 날아가는 꿈
사퇴나 수치스런 일로 구설수에 오를 수 있다.

● 군인 모자를 쓰고 있는 꿈
주변의 모함, 방해를 이겨내고 소망을 성취한다.

● 자기 모자를 남이 빼앗기는 꿈
실수가 생겨 곤란함을 겪는다.

● 모자를 찢거나 태우는 꿈
오랫동안 헤어져 있던 사람은 다시 만나거나 계획했던 일이 잘 풀린다.

● 마음에 드는 모자를 사거나 선물 받는 꿈
뜻하지 않은 횡재나 좋은 직장으로 옮길 가능성이 있다.

● 옛날 학생 모자를 쓰고 있는 꿈
시험 등에서 우수한 성적으로 합격한다.

● 왕관을 쓰고 있는 꿈
계획한 일이 잘되는데, 학생은 반장이 되고, 사회인은 승진 등의
기쁨을 누린다.

● 혁대나 단추가 저절로 풀리는 꿈
그동안 쌓인 문제가 해결되어 마음이 홀가분해진다.

● 누군가 자신의 교복단추를 떼어가는 꿈
학교에서 좋지 못한 일이 생길 수 있다.

● 혁대를 매는 꿈
자신의 위치에서 튼튼한 기반을 잡는다.

● 메고 있던 혁대가 끊어지는 꿈
일의 꼬임, 사퇴나 중도 좌절을 겪는다.

● 넥타이를 선물 받는 꿈
직위상승이나 새로운 친구가 생기고, 미혼여성은 좋은 남자를 만
난다.

● 가방에 서류가 가득한 꿈
지나치게 회사 일에만 매달리지 말고 가족에게 좀더 신경을 쓰라
는 의미다.

● 무언가로 가득 찬 가방을 얻는 꿈
가방 안에 귀중한 물건이 있다면 재산이 늘어나지만, 쓸데없는 것
이 들어 있다면 개꿈이다.

● 가방을 메고 가다 가방을 열어보니 비어있는 꿈
아무리 열심히 해도 이득이 없다.

● 가방이 열린 채 들고 다닌 꿈
자기의 속사정이 남에게 알려질 수 있다.

● 핸드백(지갑)이 열려있고 돈이 없어진 꿈
누군가의 도움으로 자신의 고민이 해결되거나 다른 방법이 생긴다.

● 가방을 잃거나 도둑맞는 꿈
일의 어려움이나 또는 누군가를 잃거나 이별할 수가 있다.

● 배안에 구멍이 생겨 물이 새어 들어오는 꿈
모든 일이 잘 풀려 재물이 솔솔 들어온다. 배안에 물이 들어와 흥
건히 고여 있으면 작업성과가 나타나고 재물을 모으게 된다.

● 교통사고를 당한 꿈
환경의 변화로 커다란 이득을 보거나 자신이 주장하는 대로 모두
좋은 결실을 맺게 된다.

● 차가 사람을 친 꿈
계획했던 일들이 하나하나 이루어지면서 만족스러운 나날을 보내
게 된다. 사람을 친 차에 자신이 타고 있으면 사업이나 직장이 성
공을 거두는데, 자신이 주도적인 역할을 맡게 된다.

● 도장을 관한 꿈
자신의 도장을 새로 새기면 새로운 지위와 권리를 얻게 된다. 남
의 이름이 새겨진 도장을 얻으면 도움을 받을 만한 사람을 만나게
되거나 어떠한 권리를 확보하게 된다.

● 지갑에 돈이 가득 들어있는 꿈
풍족한 생활을 할 수 있을 만큼 넉넉한 재물을 얻게 된다.

● 여자가 칼을 빼든 모습을 본 꿈
운수가 대통할 길몽으로 만사가 모두 이뤄진다.

● 결혼식장에서 상복을 입은 사람이 나타난 꿈
계약이 성공적으로 이루어지게 된다. 그 사람과 나란히 결혼사진
을 찍으면 공공사업에 종사하거나 원만한 대인관계가 유지된다.

건물, 가구에 관계된 꿈

● 방이 넓거나 길다고 생각하는 꿈
자기의 사업장을 큰 곳으로 옮기게 되거나 세력이 점점 막강해진다.

● 툇마루에 올라갔던 꿈
국외와 관계된 일, 즉 수출 등과 관계를 맺는다.

● 어떤 건물의 4층에서 무슨 일인가를 했던 꿈
4년 정도의 선배와 동업 등을 하게 되며 그로 인해 이득을 취하게
된다.

● 허허벌판에서 배설한 꿈
자신의 모든 걸 직접 공개하게 되거나 타의에 의해 공개된다.

● 일곱 계단을 내려온 꿈
7년 동안 사업이 부진하거나 불행을 겪게 된다.

● 차로 들이받아 담을 무너뜨린 꿈
능력 있는 사람이 나타나서 자신의 사업진로를 제공해 준다.

● 그릇에 물을 떠다놓고 방에서 세수한 꿈
밀폐된 장소로 안내되어 어떤 지시를 받거나 훈계를 듣는다.

● 암벽에 새겨진 글씨를 본 꿈
누군가가 자기의 이름을 참고해서 책의 제목을 짓거나 승진하게
된다.

● 하천이나 시내 등 야외의 자연수에서 목욕한 꿈
사회단체나 법인회사 등에서 자기의 욕구를 충족시켜준다.

● 무너진 담 사이로 밖이 보이는 꿈
운세가 트여서 사업 등 모든 일이 활발하게 진행된다.

● 높은 돌계단에 오른 꿈
자기가 쌓았던 업적이 발표되거나 그로 인한 표창장 등을 받는다.

● 물을 몸에 끼얹은 꿈
횡재할 일이 생기거나 작품의 입선 등으로 자신이 돋보이게 된다.

● 사다리를 타고 올라갔는데 내려올 수 없었던 꿈
직장을 옮기려던 계획이 수포로 돌아가거나 진행 중이던 일이 중단된다.

● 자신이 지하실로 들어간 꿈
암거래를 하게 되거나 비밀단체 등의 가입에 유혹을 받는다.

● 상좌인 아랫목에 손님을 모신 꿈
평소 존경하던 사람이나 보호해줘야 할 사람을 만나게 된다.

● 학생이 담 위에 올랐던 꿈
시험에 응시했으면 합격통지서를 받게 되고 일반인은 좋은 소식을 받는다.

● 벽면에 그림을 그리거나 글씨를 쓴 꿈
자기의 작품이 공개되거나 업적, 명성 등이 문서로 기록되어 영원히 남게 된다.

● 크고 호화로운 저택의 마루에 올라선 꿈
취직을 하거나 진급이 되고 남들이 자신을 고귀한 인품의 소유자로 평가해준다.

● 부엌에서 서성거리던 꿈
사업을 시작하게 되거나 출세의 기반을 다질 일이 생긴다.

● 오랫동안 용변을 참다가 시원하게 배설한 꿈
불만스런 사업장을 거치다가 소원을 충족시킬 수 있는 곳에서 정착한다.

● 동일한 목욕탕에 여러 번 들어간 꿈
한 기관에서 자신의 청탁을 목욕탕에 들어간 횟수만큼 들어준다.

● 담벼락을 끼고 순찰한 꿈
외근부서로 발령을 받게 되거나 파견근무 명령을 받는다.

● 벽에 갖가지 물건을 걸어둔 꿈
어떤 단체나 언론기관 등을 통해서 자신의 명예를 과시하게 된다.

● 천천히 계단을 내려온 꿈
진행 중이던 일이 역행하거나 위법적인 일을 저지르게 된다.

● 담을 뚫고 도둑이 든 꿈
자신의 일을 열심히 도와줄 동업자나 배우자를 만나 결속하게 된다.

● 수도꼭지에서 떨어지는 물방울로 샤워한 꿈
어디를 가서 어떤 일을 하든 물질적인 이득을 보게 된다.

● 목욕탕에 들어가 목욕한 꿈
불만이 해소되고 바라던 바를 이룬다.

● 갓 태어난 아기를 목욕시킨 꿈
자기보다 능력이 한수 위인 사람이 나타나 자신의 일이나 작품 등의 미비점을 보완해 준다.

● 한 쌍의 남녀가 한 변소에 동시에 들어가는 꿈
자기가 일한 대가를 가로채려는 사람이 나타나게 된다.

● 고층건물에 볼일이 있어 출입한 꿈
보통 이상의 큰일을 하게 되거나 사람들이 기억할만한 지위에 오른다.

● 남이 자기 집을 마구 허무는 꿈
타인에 의해 자신이 진로를 바꾸게 되거나 스스로 자포자기 할 어려운 일이 생긴다.

● 남의 집 담장 안을 들여다 본 꿈
조용한 장소를 찾아 그곳에서 오랫동안 학문의 탐구, 기술 등의
연구 때문에 머물게 된다.

● 남의 집에 방문한 꿈
많은 사람들이 자신을 찾아오거나 갖가지의 부탁을 받게 된다.

● 담 위에서 고양이가 내려다보는 꿈
자기의 일에 간섭할 사람이 나타나거나 누군가에 의해 감시를 받
게 된다.

● 처녀가 공동묘지나 산으로 걸어간 꿈
진행 중이던 혼담이 성립되거나 취직을 하게 된다.

● 동물이 천정을 뚫고 들어가는 꿈
사고를 당하거나 일찍 양친부모를 잃게 된다.

● 두 채의 집을 놓고 이사를 고민하는 꿈
사업을 시작하는데 크게 할 것인가, 작게 할 것인가에 대해 갈등
을 느끼게 된다.

● 많은 사람들이 자기 집 주변에서 웅성거리는 꿈
친척 중의 누군가가 사망하거나, 불상사를 당하게 된다.

● 많은 사람들이 집으로 몰려오는 꿈
자신과 관련된 일에 참견할 사람이 많아지게 된다.

● 무당집에 가서 푸닥거리를 한 꿈
자기와 관련된 기사가 신문이나 잡지 등에 실리게 된다.

● 문구멍을 통해서 안을 엿본 꿈
정보 수집을 하게 되거나 누군가에게 린치를 가하게 된다.

● 문턱에 있던 구렁이가 갑자기 없어진 꿈
진행 중인 혼담이 성사되지만 불화로 인해 이별을 하게 된다.

● 벽에 페인트를 칠하는 꿈
사업상의 내면을 공개하거나 광고를 할 일이 생긴다.

● 신축 빌딩 꿈
어떤 단체를 만들거나 사업체를 조직하게 된다.

● 사람들이 건물 안으로 들어갔는데 건물이 무너진 꿈
막강하게 형성되어 오던 세력이 무너지고 새로운 세력이 주도권을 잡게 된다.

● 삼촌 집에 방문한 꿈
자기에게 많은 협조를 해줄 사람을 찾아가거나 사업장을 방문하게 된다.

● 새로 지은 집으로 이사한 꿈
직장을 옮기거나 실제로 이사를 하는 등의 새로운 일거리가 생기게 된다.

● 술집에서 술을 마시고 집에서 배뇨한 꿈
어떤 기관의 일거리를 맡게 되고 다른 기관의 도움을 받아 일을 성사된다.

● 아파트 단지의 건물 사이로 지나간 꿈
무슨 일을 하든 여러 기관 등에서 사사건건 간섭하는 일이 많게 된다.

● 연립주택이나 아파트 등 현대식 건물과 관계된 꿈
문화사업을 시작하게 되거나 그와 관련한 작품을 발표하게 된다.

● 왔던 손님이 돌아간 꿈
꿈속의 사람과 인연이 끊길 사건이 생기거나 반대로 원수지간이던 관계가 원활하게 풀리게 된다.

● 외로이 떨어져 있는 초가집 꿈
관청에 들어갈 일이 생기거나 취업을 하게 된다.

● 외출에서 돌아와 집으로 들어가는 꿈
사업체를 해체하게 되거나 직장에서 퇴직하게 된다.

● 움막집에 들어가는 꿈
여자와 관계된 음모에 빠지게 되고 중병에 걸릴 위험이 생기게 된다.

● 이삿짐이 산더미처럼 많은 꿈
사업자금을 대줄 사람이 나타나게 되고 그만큼 근심걱정이 많아지게 된다.

● 전통적 한옥과 초가집 꿈
시골길을 걷게 되거나 고고학적인 일과 관계하게 된다.

● 주택을 구입하는 꿈
사업의 기반을 탄탄히 다질 일이 생기고 배우자가 될 사람을 만난다.

● 주택을 수리하는 꿈
하고 있는 사업이 완벽하게 자리가 잡히고 더욱 투자할 일이 생긴다.

● 증축을 목적으로 집을 고치는 꿈
많은 사람들을 사귀게 되거나 사업을 확장하게 된다.

● 지붕을 수리하거나 기와를 잇는 꿈
하던 일이 완성되거나 확실하던 거래처가 거래를 끊고 다른 곳으로 옮기게 된다.

● 집밖으로 나가는 꿈
사업을 시작하게 되거나 계획했던 일을 착수하게 된다.

● 집이 아무 이유도 없이 절반이 파괴되는 꿈
질병에 걸리게 되거나 지위가 땅으로 떨어진다.

● 집터를 일구는 꿈
사업과 관련된 능력자를 영입할 일이 생기고 직접적으로 영향이 나타나게 된다.

● 철조망을 끊고 내부로 침입하는 꿈
상상조차 할 수 없을 정도의 능력을 발휘하여 정부기관을 술렁이게 하고 어려웠던 일을 쉽게 해결시켜 준다.

● 친구 집을 방문하는 꿈
친분이 있는 사람의 회사를 찾아가 부탁할 일이 생긴다.

● 친정에 있던 여자가 시집으로 가는 꿈
관공서에 갈 일이 생기거나 멀리 출장을 갈 일이 생긴다.

● 텅 빈집에 혼자 누워있는 꿈
계약할 일이나 혼담 등이 쉽게 이루어지지 않고 자꾸만 연기가 되게 된다.

● 집이 바람에 흔들리는 꿈
현재 살고 있는 집이 자신이나 가족들에게 좋지 않기 때문에 이사할 계획을 세워야 한다.

● 집에 높은 누각을 세우는 꿈
집안의 재산이 부쩍 늘어나고 새로운 식구가 생길지도 모른다. 또한 자신이나 가족들이 경영하는 일마다 순조롭게 진행되어 날로 발전된다.

● 집이 텅 비어있는 꿈
질병에 걸리거나 사고가 날 가능성이 많고 사업을 하는 사람일 경우 부도가 날 수도 있다.

● 집안으로 물건을 끌어들이는 꿈
금전적으로 매우 길하여 뜻밖의 재물이 들어와 재산이 쌓이게 된다.

● 집보다 창고만 짓는 꿈
재수가 대통하여 재물이 늘고 좋은 일만 생기게 된다.

● 자기 집 대문이 활짝 열려있는 꿈
운수가 열리고 현재 하고 있거나 하려고 하는 일이 모두 성공적으로 이뤄진다.

● 방문이나 대문이 저절로 열리는 꿈
자신의 배우자가 다른 이성과 정을 통하고 있는 징조다.

● 출입문을 불로 태우는 꿈
집안에 우환이 생기는 등 좋지 않은 일이 생길 징조로 조심해야 하다.

● 문이 삐걱거리며 잘 열리지 않는 꿈
자신의 가족에게 우환이 있게 되고 자신도 구설수에 오르내리거나 재물을 잃거나 귀한 물건을 도둑맞는 등 나쁜 일이 생긴다.

● 문이 굳게 닫혀 있는 꿈
일이 뜻대로 잘 이루어지지 않고 장애가 따른다. 그 일이 어떻게 되어가는 지 자신도 잘 모르는 상황이 올 수도 있다.

● 대문 앞에 개울이나 낭떠러지가 있는 꿈
문 앞에 개울이나 낭떠러지가 있으면 밖으로 나오기가 곤란하듯이 모든 일에 장애가 생겨 뜻대로 되는 일이 없다.

● 부엌을 고치는 꿈
재수가 대길하여 뜻밖의 재물이 생기거나 좋은 일이 있을 것이다. 또한 기타 모든 일도 순조롭게 진행될 것이며 지금까지 잘 되지 않던 일들도 해결된다.

● 부엌이 두개 있는 꿈
가족과의 불화로 헤어질 수가 있다.

● 부엌에서 엉엉 울거나 몰래 흐느낀 꿈
부부간에 크게 다툴 일이 생기거나 상대방에 대한 불만으로 헤어
질 우려가 있다.

● 부엌으로 관이 들어가는 꿈
앞으로 재물이 생길 길몽으로 실제로 한 일에 비해 기대이상의 대
가를 얻게 된다.

● 부엌 아래로 물이 흘러가는 꿈
횡재할 길몽으로 복권이나 기타 그 밖의 추첨에서 당첨될 가능성
이 크다.

● 변소의 똥을 다른 곳으로 옮기는 꿈
뜻밖의 재물을 얻거나 횡재할 수 있다. 복권에 당첨될 확률도 높다.

● 목장을 보는 꿈
모든 일이 순풍에 돛을 단 것처럼 순조롭게 진행된다.

● 가축을 몰고 방목하는 꿈
사업은 큰 이익을 보게 된다.

● 양우리 꿈
돈을 벌수가 있다

● 가축우리에서 잠을 자는 꿈
자유를 잃는다. 하지만 수감된 죄인이 이런 꿈을 꾸었다면 석방될
것이다.

● 외양간 꿈
운이 확 트이는 길몽이다.

● 말이 매어 있는 마구간 꿈
많은 손님이 찾아오게 된다. 여자가 이 꿈을 꿨다면 남편이 부유해
진다. 상인이 이런 꿈을 꾸면 백만장자가 된다.

● 텅 빈 마구간 꿈
손실이 있게 된다.

● 마구간을 세내는 꿈
오래지 않아 이사를 하게 된다.

● 새 마구간을 짓는 꿈
당신이 새로운 장사를 하게 되면 이익이 있다.

● 제분소 꿈
큰돈을 벌게 된다.

● 방직공장 꿈
큰 재난이 닥친다.

● 본인이 제분소 소장이 된 꿈
생활이 유쾌해질 것이다.

● 방직공장을 시찰(관리) 꿈
위급한 고비를 침착하고 용기 있게 넘기게 된다.

● 방직공장이 도산하는 꿈
당신이 위급할 때 다른 사람의 협조를 받기 어렵게 된다.

● 자기가 사무실 안의 한 직원인 꿈
불행한 날이 닥쳐온다.

● 자기가 사무실 실장인 꿈
이는 직장 운이 형통할 길몽이다.

● 사무실에서 사무를 보는 꿈
이웃들이 당신의 부유한 생활을 질투하게 된다.

● 사무실에서 사무를 보라는 명령을 받는 꿈
이것은 전근을 가게 될 꿈이다.

● 항구 꿈
장사가 잘되고 또 당신이 세상에 이름을 날리게 된다.

● 채석장 꿈
남자가 꾸면 급료가 오르고 여자가 꾸면 남편이 그녀에게 호화로운 주택을 지어줄 것이다.

● 감옥 꿈
생활에 아무런 근심과 걱정 없이 행복하다. 기혼 여자가 꿈에 감옥을 봤다면 임신하게 된다. 하지만 노인이 이런 꿈을 꾸게 되면 건강이 날로 나빠진다. 상인이 이런 꿈을 보았다면 장사에 손실이 온다.

● 대합실, 휴게실, 공원 벤치 등에 앉아 쉬는 꿈
기다림, 취직, 퇴직이 예정되어 있다.

● 용상에 앉아 있는 꿈
최고의 권리, 지위, 명예 등을 얻는다.

● 이사 전후에 집이 내려앉는 꿈
커다란 행운이 찾아온다.

● 친정이 시댁보다 꿈속에서 자주 보이는 꿈
고향집을 그리워하는 마음이다.

● 변소에 사람이 숨는 꿈
부정을 저지른다.

● 호화로운 건물이 공중에 떠있는 꿈
업적, 조직체, 기타 단체적인 일이 세상에 공개되고 과시될 수 없다.

● 큰 담을 끼고 야경을 도는 꿈
군인은 파견근무를 하고 공무원은 외근을 하게 된다.

● 집을 보수하는 꿈
사업체, 작품, 업적 따위의 일을 개선한다.

● 천장에 거미줄이나 전선이 얽혀 있는 꿈
두통을 앓거나 상부에 청탁한 일이 언제 성사가 될지 모른다.

● 지붕이 무너지고 파괴되는 꿈
신분이나 사업이 몰락하고 와해된다.

● 복도의 꽃병을 들고 나오는 여성 꿈
섭외담당자와 결혼 또는 교제하게 된다.

● 문밖에서 유령이나 도깨비가 춤추면서 들여다보는 꿈
병에 걸리거나 우환이 생긴다.

● 양복점에 많은 양복이 걸려있는 꿈
입학, 입영 또는 취직과 관계된 일이다.

● 높은 종탑의 종소리를 듣는 꿈
자기의 진심을 널리 알리거나 기쁜 소식을 남에게 전할 일이 생긴다.

● 군대의 막사와 사령부를 본 꿈
관공서나 기타 단체기관과 접촉할 일이 생긴다.

● 벌레집을 발견하여 집착하는 꿈
단독적인 물건을 생산하거나 혼담이 성립된다.

● 살롱이나 다방 꿈
개인내지는 단체와 결속할 일이 생기거나 누군가와 친교할 일이 생긴다.

● 과일을 파는 가게 꿈
금융기관에 출입하거나 그런 곳에 근무하고 있는 사람과 상담한다.

● 호텔이나 여관 등 숙박업소 꿈
어떤 회사에 임시직으로 취직이 되거나 조금 더 기다려야할 일이
생긴다.

● 보석류를 취급하는 금은방 꿈
심사기관, 연구기관 등에 출입할 일이 생기거나 그 일에 직접 참여
한다.

● 식물원을 구경한 꿈
멀리 관광을 하게 되거나 등산, 산책 등을 한다.

● 일반회사와 관계된 꿈
어떤 사업장이나 교육기관으로부터 표창을 받거나 공로를 치하 받
는다.

● 곡물가게와 거래한 꿈
직접적으로 돈과 관계가 있는 일에 참여하게 된다.

● 은행 등 금융기관과 접촉했던 꿈
출판사 등 문화사업장으로부터 원고청탁을 부탁받는다.

● 유흥업소 꿈
많은 사람에게 알릴 목적으로 자신과 관계된 광고를 할 일이 생긴다.

● 조그만 십자가가 점점 커져 대지를 덮어버린 꿈
지금까지는 없었던 진리나 법규 등이 생겨나 자신에게 큰 타격을
준다.

● 사당이나 종묘를 거닐던 꿈
정부에서 인정해주는 단체에서 큰 업적을 이룬다.

문서와 책에
관계된 꿈

● 계약서를 주고받는 꿈
어떤 계약이 성립되어 일이 진행된다.

● 공공단체에서 통지서가 날아오는 꿈
어떤 통지서를 받거나 신문, 잡지 등에서 정보를 입수하게 된다.

● 문서를 얻는 꿈
어떤 권리나 사명이 자기에게 주어진다.

● 문서를 찢거나 태워버리는 꿈
자기의 신분, 권리 등을 박탈당하고 어떤 사건을 처리하게 된다.

● 병원에서 진찰권을 받는 꿈
어떤 사업을 착수할 일이 있거나 병원에 입원하거나 치료할 일이
생긴다.

● 빨간 줄이 그어진 영장을 받는 꿈
어떤 작품의 당선 통지서가 아니면 타인의 사망 소식을 듣게 된다.

● 각서나 시말서를 받는 꿈
상대방에게 명령을 하거나 신변조사할 일이 생긴다.

● 행정관청에 부동산을 등기하는 꿈
큰 권리가 자기에게 주어지고 그 일을 많은 사람들에게 공개할 일
이 생긴다.

● 가까운 사람에게 노트를 빌려오는 꿈
친구 간에 우정이 두터워지고 상대방과 약속을 하게 된다.

● 상대방에게 책을 빌려오는 꿈
남의 명령에 따라 행동하게 된다.

● 상대방이 읽는 책을 어깨너머로 보는 꿈
상대방의 마음을 살피거나 그 사람의 비밀을 알려고 한다.

● 책을 찢거나 던져버리는 꿈
상대방에게 반항하거나 상대방을 괴롭히게 된다.

● 집문서를 자신이 만들거나 누가 주어서 갖는 꿈
합격 통지서, 발령장, 임명장 등을 받을 수 있을 것이다. 즉 좋은
직장을 얻게 되거나 보다 높은 지위에 임명될 수도 있고 수험생이
라면 시험에 합격할 수도 있다.

● 집이나 문서를 잃어버리는 꿈
명예, 권세를 상실하게 되거나 현재의 직위나 재산 등을 남에게 넘
겨주어야 될 지도 모른다.

● 책상 위에 많은 책이 있는 꿈
지식이 향상되고 성적이 오르게 되며 경영인은 사업의 전망이 밝
을 것이다.

하늘, 구름, 안개, 비, 눈, 이슬, 번개, 무지개, 바람에 관계된 꿈

● 구름을 타고 가다가 갑자기 구름이 없어지면서 밑으로 떨어지는 꿈
심상치 않다. 지난날의 그림자보다 앞날의 빛을 향하여 중요한 결
단은 잠깐 보류한다.

● 먹구름 속에서 갑자기 무지개가 나타난 꿈
소중한 행복이 주어진다. 비밀의 해답은 자신의 손안에 있다. 결
혼 출산에 희소식이 있다.

● 이슬에 젖은 옷을 입고 집 주위를 산책하는 꿈
아랫사람 때문에 재물손실이 생겨 속을 끓이게 된다. 매사에 실패
나 고생스러움이 따른다.

● 온 집안을 뒤덮은 눈을 빗자루로 쓸어내는 꿈
새로운 인간관계를 맺게 된다. 이익을 봤다고 생각한 일들이 재정
관리, 예금 관리에서 난관이 따른다.

● 홍수로 집과 온갖 동물들이 둥둥 떠내려가는 꿈
경쟁과정에서 마찰에 의한 손실이 발생하지만 타협을 하게 되면
좋게 진행된다.

● 다른 곳의 폭우로 떠내려 온 돼지를 집으로 가지고 온 꿈
빛나는 명예가 기다리고 있다. 목돈 수입도 있고 사업영역개척이
나 경쟁 입찰, 추첨 등에 승리할 수 있다.

● 빗방울이 하나 둘씩 집 천장에서 새는 꿈
앞날을 위해 일시적인 어려움은 견디어 내야하며, 너무 많은 돈을
지니고 다니지 않도록 한다.

● 비를 맞으며 외롭게 걸어가는 꿈
사랑하고 싶지만 상대가 없다.

● 눈을 맞으며 앞사람이 남긴 발자국을 따라 걷고 있는 꿈
정신적인 어려움에 부딪친다. 부정적인 사고를 긍정적인 사고로
바꾸도록 노력한다.

● 동네가 온통 홍수로 인해 가옥이 전부 물에 잠긴 꿈
가까운 친척의 불행을 보게 된다.

● 구름을 타고 신나게 달리는 꿈
뇌리에 스친 일을 실행에 옮겨라. 뜻밖의 활동을 기대할 수 있다.

● 먹구름과 비가 쏟아져 배가 물 속으로 침몰하는 꿈
긴급사태를 조심해야 한다. 하수관 파열, 화재, 건물붕괴, 연쇄폭
발 등의 위험에 직면한다.

● 저녁노을을 보면서 좋아하는 사람과 데이트를 즐기는 꿈
여러 사람들과 친숙하게 되고 친목회, 집회활동 등의 일로 바쁘
게 뛰어다니며 이성교제나 혼인수가 있다.

● 맑았던 하늘이 갑자기 어두워져 사방이 깜깜해진 꿈
어려운 상황이 닥칠 수 있기 때문에 하고 있는 일을 빨리 끝내야
한다.

● 하늘이 활짝 열리는 꿈
운세가 트여 미래의 전망이 밝다.

● 하늘이 열렸다가 닫히는 꿈
하던 일의 결과를 얻거나 승진한다.

● 하늘과 땅에서 굉장한 소리가 합쳐지는 꿈
뜻한 바대로 소원이 이루어지고, 부와 명예가 따른다. 따라서 이름
을 세상에 널리 알릴 일을 하게 된다.

● 하늘이 굉음을 내며 무너지는 꿈
가장의 신변에 이상이 나타날 징조로 직위, 직장, 건강 등에 피해
가 온다.

● 하늘이 두 쪽으로 갈라지는 꿈
연인이나 부부가 헤어지거나 주위에 좋지 않은 일이 생긴다.

● 하늘이 아주 새빨개지는 꿈
머지않아서 나라에 큰일이 일어난다.

● 맑고 푸른 하늘이 기억에 남는 꿈
원하는 일이 이루어지기 때문에 미루었던 일을 한번 해보는 것도
좋다.

● 자신이 하늘로 올라가는 꿈
모든 일이 잘 풀려 크게 성공하게 되며 부와 명예를 얻고 사람들
의 존경을 한 몸에 받게 된다. 하늘로 올라가서 물건을 가지고 오
면 높은 자리에 오르는 등 출세하게 된다.

● 달 밝은 밤하늘을 본 꿈
사랑에 성공한다.

● 하늘을 훨훨 날면서 웃는 꿈
망설이던 일을 실행하게 된다. 현재는 어렵지만 매사를 신중하게
이끌어나가면 행운이 뒤따른다.

● 하늘에서 무슨 소리가 들리는 꿈
새로운 일이나 신앙을 접하게 된다. 교회나 절을 다니게 된다.

● 구름 위에 올라가 아래를 보는 꿈
출세할 운으로 하는 일이 뜻대로 풀린다. 하지만 환자에겐 좋지
않다.

● 오색찬란한 구름을 본 꿈
수많은 사람들에게 인기를 얻는다.

● 구름이 점점 노란색으로 변하는 꿈
명예로운 일과 재물을 한꺼번에 얻는다.

● 검은 구름이 차차 걷히는 꿈
걱정이나 장애가 해결된다.

● 양떼구름이 흩어져 나는 것을 보는 꿈
정말로 하고픈 일이 있으면 누군가의 조언을 들어야 한다.

● 신선처럼 구름 위에서 노니는 꿈
어떤 모임에서 최고가 되고 사업이 승승장구한다.

● 먹구름이 낀 하늘에서 계속 번개가 치는 꿈
스카우트 제의를 강하게 받거나 대대적으로 좋은 평가를 받게 된다.

● 큰비가 내린 꿈
장애가 생기는데, 농부라면 대풍이고 상인이라면 손실을 본다.

● 비가 내리는데 우산이 없어 난감해 하는 꿈
좋지 않은 일로 이사하거나 금전적인 문제로 이사를 한다.

● 장대비가 내려 앞이 보이지 않는 꿈
뜻하지 않은 문제나 미래가 불확실 하다.

● 비를 맞다가 어느 곳에서 비를 피하는 꿈
문제가 있지만 시간이 지나면 모두 해결된다. 즉 때를 기다려야 한다.

● 보슬비를 맞으며 걷는 꿈
해결방법이 없어서 절망에 놓여 있다.

● 소나기를 맞으며 시원해하는 꿈
금전적으로 이득이 생겨 어려운 일이 해결된다.

● 빗속에 우산을 들고 마중 나가는 꿈
기다리는 그 사람에게 어려운 일이 생긴다.

● 곡식 등을 말리는데 갑자기 비가 내리는 꿈
남에게 빌려준 돈 때문에 손해를 본다.

● 비로 자신의 집이 잠기는 꿈
돈 문제가 생길 운이다.(돈 때문에 고초를 겪는다)

● 비를 대문 밖에서 맞는 꿈
노력한일이 실망스럽다. 하지만 기회는 또 오기 때문에 노력이 필요하다.

● 창문에 비가 들이치는 꿈
자신의 실력을 많은 사람에게 인정을 받는다.

● 자기 집에 무지개가 뜨는 꿈
혼담이 오가거나 가족이 편안하다.

● 무지개가 끊어진 꿈
기대했던 일에 이상이 오고, 하던 일이 잘 되지 않는다.

● 세상이 눈으로 하얗게 뒤덮인 꿈
운세가 호전되고 하는 일마다 성과가 있다.

● 눈이 내리는 꿈
남자가 꾸면 부유해지고 여자가 꾸면 모든 근심이 사라지고 상인이 꾸면 장사가 잘된다.

● 눈으로 하얗게 덮인 초가집을 본 꿈
자금을 융통하면 잘 된다.

● 눈발이 거세게 날리는 꿈
뜻밖의 횡재를 하게 된다.

● 눈을 뭉쳐서 눈싸움하는 꿈
사업적으로나 가정적으로 재산이 들어온다.

● 눈 위에서 썰매 타는 꿈
사업, 취직, 시험 등에 무난히 통과 한다.

● 눈이 엄청나게 와서 집들이 무너지는 꿈
성공과 재물이 들어온다. 동네가 모두 무너지면 신개발로 땅값이
오른다.

● 주먹만한 눈송이가 집안으로 내리는 꿈
무언가가 보탬이 되는 것이 자신의 집으로 들어온다.

● 눈에서 비 그리고 우박이 내리는 꿈
걱정할 일이 자주 생긴다.

● 맑은 하늘에 마른번개가 치는 꿈
직장이나 학교에서 이름이 퍼져진다.

● 어두운 하늘에서 번개 치는 꿈
새로운 일이 생긴다.

● 번개가 쳐서 세상이 환해지는 꿈
막혔던 일이 서서히 풀리고 좋은 결과를 얻는다.

● 번개에 나무가 부러지는 꿈
돌발적인 사고에 주의가 요구된다.

● 번개가 온 누리를 밝게 비치는 꿈
막혔던 일이 슬슬 풀리고 기쁜 소식까지 듣게 된다.

● 몸에 번개가 내리치면
재운, 명성을 한 몸에 받을 최고의 길몽이다. 하지만 번개를 맞고
죽었으면 불운한 꿈이다. 여자가 번개를 맞으면 태기가 있다. 번개
는 강력한 남자의 정력을 상징한다. 번개를 맞고 임신한 아이는 후
에 정신이상이 되기 쉽다는 미신도 있다.

● 벼락을 맞아 죽는 꿈
국가나 사회적으로 명성을 얻거나 보상을 받을 일이 생긴다.

● 벼락이 떨어졌지만 공처럼 땅위에서 굴러다니는 꿈
응시한 시험에 합격하거나 감히 상상할 수 없었던 일을 성사시켜
많은 사람들로부터 칭송을 얻는다.

● 천둥과 번개에 죽을 뻔한 꿈
재난을 피할 수 있다.

● 천둥소리가 요란하게 치는 꿈
어려움을 극복한다.

● 멀리서 천둥소리가 희미하게 들리는 꿈
멀리 떨어진 곳, 즉 외국 등지에서 무슨 소식이 오게 된다.

● 천둥번개가 친 후 주위가 어두워진 꿈
당신의 주변에 커다란 일이 생길 수 있다.

● 안개가 끼 꿈
친구에게 배신당하거나 직장에서 해직당할 가능성이 있다.

● 사랑하는 사람과 데이트 중 안개 때문에 상대방이 보이지 않는 꿈
시비가 따르니 조심해야 한다. 아직은 때가 아니다. 인간관계나
이성문제로 괴로울 수 있다. 따라서 결혼은 좋지 않다.

● 짙은 안개 속을 걷거나 운전하는 꿈
미래가 불투명하기 때문에 새로운 일을 추진 중인 사람이라면 다
시 한번 신중하게 생각해야 한다.

● 안개가 자욱해 한치 앞도 보이지 않는 꿈
미래나 일에 대해 전망이 보이지 않는다거나 몸에 이상이 나타난다.

● 거센 바람이 불지만 누군가가 등 뒤에서 막아주는 꿈
귀인의 도움으로 막혔던 사업이 정진한다.

● 바람에 머리카락이 휘날리고 엉키는 꿈
불화나 근심, 마음이 혼란해 진다.

● 뼈를 에이는 찬바람을 맞는 꿈
오래지 않아 기쁜 소식을 듣거나 기혼녀라면 친정에 갈 일이 생긴다.

● 습기가 많은 바람이 부는 꿈
귀한 손님이 찾아오거나 임신의 꿈일 수도 있다.

● 바람에 자신이 날아가다 떨어지는 꿈
별로 좋지 못한 일이 발생한다.

● 뜨거운 바람이 부는 꿈
병에 걸릴 가능성이 있다.

● 바람이 먼지를 일으키며 자신에게 불어오는 꿈
피곤한 삶이 이어진다.

● 태풍이 불어 나무들이 뽑히는 꿈
주위에 나쁜 일이 생기거나 재산의 손실이 생긴다.

● 폭풍우가 몰아치는 꿈
뜻밖의 수확이나 재산의 증가가 있다.

● 우박이 자신의 집 지붕위로 요란하게 떨어지는 꿈
집안에 경사스러운 일이 생긴다.

● 우박이 내리는 꿈
장사에 꼭 손실이 따른다.

● 보름달을 구경하는 사람들이 산꼭대기에서 쥐불을 들고 달을 쳐다보는 꿈
방해하던 여건들이 조금씩 좋아진다. 자신의 존재가 인정받기 시작하며 자기의 세력이 커진다.

● 하늘에 초승달, 상현달, 그믐달이 함께 있는 꿈
무리한 투자는 복잡한 일에 얽매이게 한다. 점포망 확장, 계열기업 확장 끝 에 부도가 나는 사람들이 많다.

● 오색무지개가 있는 하늘에 적룡과 청룡이 엉켜서 승천하는 꿈
이사나 대 변화가 일어난다. 지방에서 서울로 서울에서 외국으로 가족전체가 옮기거나 직장관계로 부부가 떨어져 살게 되는 경우가 많다. 하지만 결과는 발전이다.

● 무지개를 타고 아무 말도 하지 않고 상반신만 드러내고 있는 꿈
유학, 이민의 갈등을 겪는다. 자신의 발전을 위한 도전으로 생각해야 한다.

● 아침햇살이 비치는 꿈
남자라면 운수가 좋고 여자라면 사내아이를 낳는다.

● 해를 자기 입으로 삼키는 꿈
앞으로 커다란 행운이 따른다.

● 바다에서 해가 떠오르는 것을 바라보는 꿈
집안에 경사가 겹치고 사업이나 직장에서 좋은 일이 생긴다.

● 태양이 땅으로 떨어지는 꿈
가장이나 아버지의 건강에 이상이 생긴다.

● 떨어진 태양을 안고서 집으로 들어오는 꿈
지금은 평범하게 살지만 노년엔 부귀영화를 누린다.

● 태양과 달이 나란히 떠서 밝은 빛을 내는 꿈
부모님의 덕으로 자신의 일이 잘된다.

● 태양이 찌그러져 있는 꿈
현재 하는 일이 성과나 발전이 없다.

● 태양이 두 개가 떠있는 꿈
자신의 일에 두 갈래의 길이 생겨 고민하는 중이다.

● 태양이 반으로 갈라지는 꿈
집안에 불화나 직장이나 학교에서 분열이 일어난다. 현명하게 대
처하라.

● 태양이 하늘 한가운데에 떠있는 꿈
만사가 형통하고 좋은 일만 생긴다.

● 태양이 반쯤 솟아오르는 꿈
부모님의 일이 잘되거나, 본인은 이과 계열로 진학하거나 취직하
면 노력에 만족하는 대가를 얻을 수 있다.

● 태양이 갑자기 사라져버린 꿈
권력이나 건강이나 직장, 학교 등에서 위험과 실망을 느낀다.

● 태양이 떠있는데 비가 내리는 꿈
연인이나 부부간에 싸움이 일어난다.

● 구름이 태양을 덮은 꿈
포부는 크지만 근심도 더 크다. 약간 재수가 없는 일이 생긴다.

● 태양이 타는 듯 폭염을 내뿜는 꿈(엄청나게 더운 꿈)
병이 생기거나 적자나 사고의 위험이 있다.

● 태양을 향해서 절을 하는 꿈
자신이 소원하거나 바라는 일이 이루어진다.

● 햇볕이 매우 따뜻하다고 느끼는 꿈
사랑이나 자비, 은혜, 등을 베풀거나 받아 따뜻한 정을 체험한다.

● 햇볕이 방안에 가득 찬 꿈
생활이 즐겁고 행복해진다.

● 태양이 점차 저물어 붉은 노을이 지는 꿈
몸이 아프거나 건강에 주의해야 한다.

● 하늘에서 빛이 모여 천사가 나타나 아이를 주는 꿈
딸을 가질 태몽이거나 말년에 딸 덕을 본다.

● 저녁노을이 비치는 꿈
남자라면 액운이 따르고 여자라면 여자아이를 낳는다.

● 보름달을 꾼 꿈
부자가 되며, 만약 임신부라면 아들을 낳는다.

● 달이 유난히 밝게 빛나는 꿈
결혼하거나 임신을 의미하지만 한편으론 재산이 늘어난다.

● 달이 갑자기 떨어지는 꿈
아는 사람 중에 불행이 다가온다.

● 달이 산 너머로 지는 꿈
모든 것이 잘 되지 않는 흉몽이다.

● 보름달이 여러 개가 떠있는 꿈
재산이 늘어나고 돈이 생긴다.

● 달이 구름에 반쯤 가려진 꿈
부부간이나 연인간의 갈등이 생긴다.

● 물 속에 비친 달을 보는 꿈
사회적으로 유명한 사람이나 자신이 보고 싶어 하는 사람을 만난다.

● 달무리가 지는 걸 보는 꿈
결혼하거나 결혼생활이 행복해진다.

● 달이 태양을 가린 꿈
태몽이면 총명한 아이를 낳는다. 하지만 권력, 권세는 오래가지 못
한다.

● 일식이나 월식의 꿈
상당히 좋지 않는 흉몽이다. 특히 여자에게 좋지 않은 일이 생긴다.

● 밤하늘에 별이 반짝이는 꿈
운수가 대단히 좋다.

● 별 하나가 하늘을 가로질러 움직이는 꿈
이사나 환경이 바뀌게 된다.

● 별이 모조리 떨어지는 꿈
천재지변이나 큰일이 닥친다.

● 북두칠성을 바라보는 꿈
높은 지위나 명예를 얻는다.

● 별들이 글씨 모양으로 되는 꿈
힘들게 새로운 일을 하고 노력에 의해 기쁨이 찾아온다.

● 수많은 별이 밤하늘에서 찬란하게 빛나는 꿈
하는 일마다 순조롭게 풀리고 주위사람들에게 인정을 받으면서 최
상의 명예를 받는다.

● 유성이 떨어지는 꿈
병에 걸리거나 액운이 따른다.

● 혜성을 보는 꿈
자기의 일에 액운이 끼거나 도둑이 맞거나 주위의 부고를 듣는다.
도시, 산야, 지도에 관계된 꿈

● 순풍으로 돛단배가 순항하는 꿈
관가 등의 힘 있는 협조세력의 도움으로 하고 있는 사업이 날로
번창한다.

● 태풍으로 많은 나무가 꺾어진 꿈
친분이 두터운 훌륭한 인재나 재산이 외부의 압력을 받아 사망하
거나 없어진다.

● 태풍으로 바닷물이 뒤집히고 육지의 온갖 식물이 꺾이는 꿈
자신의 능력이나 재산 따위를 자랑하다가 봉변을 당하거나 몰락
하게 된다.

● 불상을 향해 매운바람이 몰아치는 꿈
사회적으로 유명한 종교인과 관계를 맺게 된다.

● 바람을 일으키는 기구를 사용하는 꿈
모든 면에서 도움을 받을 수 있는 협조기관과 유대를 맺게 된다.

● 태풍이 불지만 작업을 하는 꿈
권력기관의 간섭에 의해 진행 중인 일이 중단되어 좌절감을 맛보
게 된다.

● 거센 바람으로 흙이나 돌멩이 등이 날아다니는 꿈
신앙적인 기적이 일어나는 것을 목격하게 된다.

● 비바람이 무서움을 느낄 정도로 세차게 몰아친 꿈
사회에 커다란 혼란이 일어나거나 개인적으로는 질병에 걸리기
쉽고 까닭도 없이 불안에 떨게 된다.

● 의복이나 소지품이 바람에 날린 꿈
외부의 간섭으로 인해 손해를 입게 되며, 해결할 수 없는 일을 다
른 사람에게 부탁한다.

들판, 보석, 돈,
예금, 귀중품에
관계된 꿈

● 들판을 지나, 산을 넘고 기분 좋게 걸어서 집으로 돌아온 꿈
주위의 부러움을 받게 된다. 진학이나 취업 등의 새 길이 찾아온
다. 상품으로 판가름 난다.

● 학이나 봉황새가 자신의 집으로 날아온 꿈
숨은 횡재가 세상을 두고두고 놀라게 한다. 하늘이 내리는 복 꿈
이라 복권당첨, 산삼의 발견, 아파트 당첨, 백사발견 등과 관계있
는 행운의 인물로 명예 및 화제가 사람들의 시선을 끌게 된다.

● 사랑하는 사람으로부터 금반지나 보석을 받는 꿈
용기 있는 사람만이 완전한 사랑을 이룰 수 있다. 즉 결혼성사에
새로운 소식을 듣게 된다.

● 보석함을 열어보니 보석이 변색되고 빛을 잃어 가짜보석 같아 보이는 꿈
이성과의 불장난을 조심하지 않으면 발목을 잡힐 가능성이 높다.

● 곗돈, 적금, 예금 등을 타는 꿈
액수와 비슷한 집을 장만하거나 사업을 시작한다.

● 건네받은 백지수표를 어리둥절한 채 손에 쥐고 있는 꿈
사이비제품을 조심하고 지혜와 덕으로 사람을 대하라. 그리고 적
자의 누적이 걱정이다.

● 길을 걷다가 길바닥에서 녹슨 동전 몇 개를 줍는 꿈
월급 및 연구 분위기에 관한 정보교환이 있거나 혹은 친구가 입원
하거나 친구의 일로 근심이나 걱정을 하게 된다.

● 산, 들, 풀숲에서 엽전꾸러미를 줍거나 엽전을 포대에 쏟아 붓는 꿈
정성을 다해 준비하고 노력하면 조상이 도와줘 안정과 평화를 되
찾는다. 복 권, 아파트 당첨의 행운도 있을 수 있다.

● 보석을 몽땅 잃어버리거나 도둑을 맞는 꿈
사소한 것일지라도 완성에는 노력이 그만큼 요구된다. 불만, 스트
레스, 화풀이, 칼 같은 도구를 조심해야 한다. 더구나 명예나 신분
도 떨어질 수가 있다.

● 돈을 받고 물건을 내어주는 꿈
액수만큼의 재물손실이 따른다.

● 복권을 사거나 얻는 꿈
소개장 또는 상품권, 계약증서 등을 받는다.

● 자기가 영수증을 써서 남에게 주는 꿈
상대방에게 대리 역을 맡기거나 소청할 일이 있게 된다.

● 남이 주는 지폐가 편지나 문서로 변하는 꿈
남의 강압적인 지시나 명령에 따를 일이 생긴다.

● 1백원과 5백원권의 지폐 꿈
1개월 또는 5개월의 달수를 상징할 수 있다.

● 공중에서 지폐가 눈처럼 떨어져 집안에 쌓이는 꿈
사회단체를 통하여 재물이 생기거나 여러 통의 편지를 받는다.

● 품삯을 상대방이 주지 않는 꿈
정신적, 육체적 고통을 받는다.

● 거리에서 동전을 주워 주머니에 넣는 꿈
친구들과 사소한 일로 다투게 된다.

● 금고가 열려있는 꿈
재물이 생기거나 정신적, 학문 등을 통해서 진리를 깨닫는다.

● 상점에서 물건값을 지불하는 꿈
어떤 소득이 있거나 취업을 하게 된다.

● 길바닥에서 녹슨 동전을 여러 개 줍는 꿈
가까운 사람이 병사해서 며칠 간 슬퍼하고 걱정한다.

● 빳빳한 지폐를 길바닥에서 줍는 꿈
펜팔, 일거리, 소설 등을 주고받을 일이 있다.

● 금고를 집에 들여오는 꿈
자본주 등이 생긴다.

● 깨끗한 동전을 얻는 꿈
새로운 친구를 소개받거나 직장에 취직이 된다.

● 돈을 세는 동안에 갑자기 솔가지로 변하는 꿈
사업을 시작하는데 쓰이는 자본금이 한없이 들어간다.

● 수저가 많이 쌓인 꿈
많은 직원이 있는 회사, 즉 노인사업이 번창하는 회사를 상징한다.

● 금으로 만든 도장 다섯 개를 얻은 부인의 꿈
남편과 자식이 모두 관료가 될 것을 예시한 것이다.

● 백금반지 꿈
둘째 아기 또는 두 번째의 지위에 놓이거나 두 가지 업종에 종사하게 된다.

● 쌍가락지를 얻는 꿈
많은 작품 많은 사업성과를 이룩한다.

● 광석을 운반하거나 쌓는 꿈
여러 방면으로 많은 재물을 확보하게 된다.

● 미혼녀가 금반지를 남에게 받는 꿈
미혼녀는 결혼이 성사된다.

● 금 두꺼비나 금송아지를 얻는 꿈
이것이 태몽이라면 부귀 공명할 자손을 얻게 된다.

물, 우물, 강, 호수, 폭포, 바다, 수영, 목욕, 낚시에 관계된 꿈

● 우물 속을 들여다보니 깊이는 얕고 물은 가득한데 두레박이 없어 가만히 쳐다보니 자신의 얼굴만 비치는 꿈
잘못 투자하면 후회하게 된다. 탄탄한 기업체나 병원, 매점, 식당, 커피숍 등의 운영권 경쟁에 현혹시키는 사람이 생긴다.

● 목이 말라 물을 찾는데 겨우 찾은 우물이 메말라 있는 꿈
취직을 하려고 여기저기 이력서를 내게 된다. 조건이 맞지 않은 기업체 및 회사에 미련을 갖는다.

● 집안에 우물을 파거나 연못을 팠더니 물은 안보이고 흙만 보이는 꿈
청혼, 청탁에 좋은 사람을 못 만나 애태우게 된다. 자유선언에 지치고 사랑과 여행을 동경하다가 유혹에 빠지기 쉽다.

● 냇물이나 샘물의 수심이 얕은 물에서 고기를 잡는 꿈
대체로 태몽으로 임신한 사람이라면 아들을 낳게 된다.

● 개울물이 말라 있거나 마른 냇물에 고기가 놀고 있는 꿈
폐업선언, 이혼결정, 사업운영에 자금난을 겪게 된다. 무리한 은행대출 및 사채이용은 가급적 삼가는 것이 좋다.

● 수돗가에서 받아놓은 물을 그릇에 떠먹는 꿈
경제적인 어려움이 조금씩 풀리기 시작하거나 무능함에서 깨어난다.

● 우물물을 퍼서 얼굴이나 손발을 씻는 꿈
근심걱정이 물러간다. 가출한 사람은 집으로 돌아오고 기다리던 소식은 반갑고 속 시원한 답이 되어 온다.

● 유유히 흐르는 강물에 신발, 꽃, 나뭇가지 등을 꺾어 띄우는 꿈
애정은 이별을 조심하고 환자는 빨리 서두르지 않으면 안 된다. 한번 가면 다시 못 올 먼 길을 막을 수가 없다.

● 수영을 하거나 목욕하는 꿈
삼각관계에서 고민할 일이 생긴다. 맺지 못할 인연이라면 정리가 필요하다.

● 바다에 빠져 허우적거리고 있는데 파도가 자신을 휩쓸어버리는 꿈
원한을 사게 되고 놀랄 일이 생기기 때문에 여행이나 외출에 각별
히 조심해야 한다.

● 차를 타고 여행을 하다가 맑고 깨끗한 호수를 발견하여
　정차한 채 정신없이 바라보고 있는 꿈
평탄한 진전이 보이지만 큰 운은 아니다. 새로운 일을 하더라도 조
심해야지 고집을 부리거나 무리하면 실패할 수가 있다.

● 깨끗한 물을 마신 꿈
신체가 건강하고 힘이 생긴다.

● 더러운 물을 마신 꿈
병에 걸릴 수 있다.

● 물을 시원하게 마시지 못한 꿈
어떤 일이 성사는 되지만 만족스럽지 못하다.

● 물을 몸에 끼얹은 꿈
횡재할 일이 생기거나 작품의 입선 등으로 자신이 돋보이게 된다.

● 자기가 물에 빠지는 꿈
재난이 닥쳐올 징조다.

● 물에 빠져 죽으려다 산 꿈
남의 도움으로 위기를 면한다.

● 세상이 온통 물에 잠긴 꿈
이사는 다음으로 미루는 것이 좋은데, 굳이 해야 한다면 자금을 마
련해야 한다.

● 계속 내린 비로 수해를 입는 꿈
자금에 어려움을 겪거나 몸조심을 해야 한다.

● 황토색 물이 범람하여 세상을 덮는 꿈
마음을 합치지 않으면 어려움이 닥친다. 자녀의 가출이나 부모자
식간의 원망이 생긴다.

● 더운 물을 마신 꿈
병마에 시달릴 수 있다.

● 물 속을 걸어가는 꿈
모든 면에서 좋은 일이 생긴다.

● 얼음을 보거나 얻는 꿈
모든 일이 순조롭게 풀린다.

● 얼음위에서 미끄럼을 타는 꿈
사업이 안 되거나 연인과 헤어질 수가 있다.

● 물난리가 나서 물바다가 되는 꿈
큰돈이 들어오지만, 기혼녀는 자궁에 질병이 생기고 노인은 세상
을 하직할 수가 있다.

● 개천이나 논바닥에서 도구를 사용하지 않고 손으로 물고기를 잡는 꿈
자신이나 형제의 일이 성공하여 재물이 쌓이게 되거나, 어떤 작
품이 세상에 알려지게 되거나, 또 사람, 명예, 권리 등을 얻는다.

● 맑은 물 속에서 많은 물고기가 노는 꿈
계획하고 추진 중이던 사업성과를 기대할 수 있으며 많은 재물을
얻는다.

● 강물이 한가롭게 흐르는 다리 아래서 물고기를 잡는 꿈
친구들과의 사이가 좋아지면서 우등생이 된다.

● 호수나 강물이 얼어있는 꿈
여러 방면으로 사업자금이 동결되거나 정체된다.

● 강에서 잡은 물고기가 손에서 펄떡거리는 꿈
원기 왕성하고 유능한 사람이거나 인기 있는 작품을 완성시키거나
그에 상응하는 일을 상징한다.

● 강에서 물고기가 알을 낳는 꿈
그동안 이루어지지 않던 소원이 성취되고 재물이나 돈 등이 증가
되어 풍요로운 삶을 누린다.

● 강에서 잡은 물고기의 크고 작은걸 고르는 꿈
교정을 하거나 작품심사 등의 일과 관계되거나 재물의 분배가 있다.

● 강을 수영으로 건너는 꿈
모든 일이 순조롭고 뜻대로 이뤄진다.

● 강에서 수영하는 꿈
신체가 건강해지고 사업이 잘된다.

● 개천에서 큰 붕어를 두 손으로 잡는 꿈
사업상 돈을 벌거나 권리를 획득한다.

● 길옆 강 속에 많은 물고기를 본 꿈
강물은 상회단체나 사업장, 많은 물고기는 작품을 의미하므로 사
업이나 자금으로 크게 성공하여 재물을 얻는다.

● 큰 잉어가 폭포 위로 뛰어오르는 꿈
자신이 경영하던 사업이 호황을 누리게 되고 또 다른 사업으로 크
게 성공하여 세상을 떠들썩하게 만든다.

● 흐르는 물이 갑자기 폭포로 변해 소리가 요란한 꿈
어떤 작품발표로 인해 세상 사람들을 놀라게 한다.

● 폭포가 장막처럼 쏟아진 꿈
매스컴을 타거나 인기를 얻는다.

● 저수지에서 물고기를 잡으려고 낚싯대를 드리우는 꿈
 자신이 관계하는 어떤 기관의 돈을 얻거나 이용하여 계획하던 일
이 이루어지면서 재물을 얻게 된다.

● 저수지에서 많은 물고기를 잡는 꿈
 경영하고 싶어 하던 사업이 이루어지고 또 복권을 사서 예상하지
못하던 돈이 생겨 부유하게 된다.

● 연못의 많은 수의 큰 물고기들이 죽어서 둥둥 떠 있는 꿈
 전쟁이 일어나거나 재난이 닥치고 유행병이 돌아 많은 사람이 사
망함을 예시하고 있다.

● 강이나 저수지의 물이 빠져 많은 물고기가 물 속에 우글거리는 꿈
 사업자금이 고갈상태에 있고 돈벌 찬스가 어렵다. 이밖에 비가 내
린다는 의미도 있다.

● 연못물에 둥둥 떠 있는 죽은 물고기 꿈
 전쟁이나 기근, 질병, 재난으로 많은 사람이 죽거나 재물의 손실,
회사의 몰락, 파산 등이 있다.

● 연못의 물고기가 많은 새끼를 낳은 꿈
 사업체가 큰돈을 벌거나 자신의 작품이 많이 생산되어 재물이 증
가한다.

● 강에서 잡은 물고기를 집안 연못에 풀어주는 꿈
 사업 환경이 새롭게 바뀌며 돈이 될 새로운 사업에 투자할 일이
생기거나 관직의 직분이 바뀌게 된다.

● 연못의 물고기들이 떼죽음 되는 꿈
 전쟁이나 전염병으로 고생하게 된다.

● 강이나 바다에서 잡으려고 하던 물고기가 자기에게 뛰어오르는 꿈
 예상치 못한 횡재가 생기거나 사람을 구할 일이 생겨 명예를 얻는다.

● 강이나 바다에서 잡은 물고기를 놓아주는 꿈
바라던 일, 돈, 재물, 사람 등을 잃게 되어 많은 손해를 본다.

● 바다 속으로 빠지게 되어 고래뱃속으로 들어가는 꿈
직장에서 높은 자리로 진급을 하거나 거대한 저택을 소유한다.

● 바다에서 상어 떼를 본 꿈
자기사업이 잘 추진되어 부와 명예를 얻는다.

● 폭풍우속에서 바다를 항해한 꿈
막혔던 운이 트인다.

● 바다 속으로 침몰하는 꿈
모든 고난을 이겨낼 수 있다.

● 바닷가에 홀로 서있는 꿈
생활에 불행이 닥칠 수 있다.

● 넓은 바다에서 수영한 꿈
매사 하는 일이 잘 추진되거나 성공하여 이득이 생긴다.

● 해일이 일어나 산야를 뒤덮은 꿈
거대한 사업으로 크게 부귀를 누린다.

● 해일을 본 꿈
태몽이라면 권세를 행사하거나 문학 등으로 혁신적인 일에 종사할
자손이 태어난다.

● 잉어를 강에서 잡아 우물이나 연못에 넣는 꿈
크게 출세하거나 직장에서 승진하거나 공직에 올라 명예를 얻는다.

● 우물에 빠지는 꿈
위급한 상황이 닥치면 딴 사람의 도움을 받을 수 있다.

● 깊은 우물을 파는 꿈
이름을 널리 알린다.

● 사람이 우물 안에서 나오는 꿈
주변이나 집안에서 훌륭한 인재가 나타난다.

● 불어난 우물물이 가득 찬 꿈
여러 방면으로 사업이 잘 풀려 재물이 생기는 꿈.

● 일부러 우물에 들어가 빠져서 나오지 못한 꿈
자기 꾀에 자기가 넘어가거나 어떤 곳으로부터 구속을 받는다.

● 우물이나 연못에 잉어를 넣는 꿈
하는 일이 번창 하거나 크게 출세한다.

● 집에 갑자기 우물이 생긴 꿈
어떤 회사에 취직하거나 미혼자는 혼담이 오고간다.

● 약수를 마신 꿈
근심과 걱정이 해소되고 새로운 진리를 깨닫게 된다.

● 우물물이 가득 불어나서 넘쳐흐른 꿈
많은 재산을 모우지만 그만큼 소비도 많다.

● 밑 빠진 독에 물을 붓는 꿈
아무리 벌어도 재물이 모이질 않고 없어진다.

● 어떤 남자와 우물에서 번갈아 두레박질을 한 처녀의 꿈
미혼자는 여러 번 혼담이 오고간 후에 결혼이 성사된다.

● 우물을 발견하거나 찾아 헤맨 꿈
어떤 기관에 사업관계로 일을 부탁한 것이 뜻대로 이루어진다.

● 우물물을 퍼서 손발을 씻은 꿈
근심과 걱정이 해소되고 미혼자는 결혼이 성사된다.

● 우물 안에서 산이 보인 꿈
뜻밖에 큰 사업체가 생기거나 배우자가 나타난다.

● 집안에 있는 물통에 물이 가득 차 있는 꿈
많은 재물이 여러 곳에서 생긴다.

● 우물물이 흐려서 처음엔 못 마셨다가 나중에 맑아져 마신 꿈
하고 싶은 일이 어려운 난관에 부딪쳤다가 성사된다.

● 우물에 사람을 넣고 묻어버린 꿈
자기의 사생활을 지키며 은행에 장기저축하게 된다.

● 낚시질을 해서 물고기를 잡는 꿈
아이디어를 개발해 돈을 벌거나 일거리를 얻는다.

● 배타에서 그물을 던져 물고기를 잡는 꿈
많은 재물을 편리한 방법으로 얻거나 자신이 원하는 직업을 얻는다.

● 배를 타고 바다에서 그물로 많은 물고기를 건지는 꿈
협조기관을 통해 자신이 추진 중이던 일에 도움을 받게 되고 일확
천금의 꿈이 실현된다.

● 자신이 직접 낚시질로 물고기를 잡는 꿈
지혜나 계교로써 사업을 벌이게 되고 돈을 벌거나 자신에게 도움
을 줄 사람을 만나게 되거나 일을 얻게 된다.

● 고기를 잡을 때 낚싯줄이 물고기에 끌려 줄이 길어지는 꿈
계획하던 일을 착수한 이후 빠른 시일 안에 성취되고 성공하여 많
은 재물을 얻게 된다.

● 이전에 잡히지 않던 낚싯대에 싱싱한 물고기가 잡히는 꿈
목표하고 있는 계획이나 사업이 성공을 이루게 되고 연애가 결실을 거두게 되며 준비하고 있는 시험에 합격하게 된다.

● 낚시를 할 때 장어나 가물치 같은 미끄러운 물고기를 잡는 꿈
매우 어려운 일이 이루어진다. 예를 들면 시험에 응시하거나 취직, 돈벌이, 연애, 구인 등의 일이 성사가 된다.

● 잉어를 붙잡아 그릇에 담아 물과 함께 넣는 꿈
소설가가 되어 문학작품으로 명예를 얻는다.

● 낚싯줄이 길게 늘어져 있는 꿈
계획한 일을 착수하면 결과가 빠른 시일에 나타난다.

● 낚시로 수많은 복어 떼를 잡는 꿈
복권에 당첨되어 뜻하지 않던 많은 돈을 얻게 되거나 횡재수가 생겨 재물을 쌓는다.

● 바닷물이 점점 밀려나가는 꿈
외세 또는 강대세력, 기존사상 등의 억제에서 점차 벗어난다.

● 물을 감칠나게 마시는 꿈
어떤 일이 이루어지거나 불만스럽게 된다.

● 친구가 우물에서 물을 먼저 떠서 마시는 꿈
그 친구 또는 동일시되는 인물이 먼저 승진한다.

● 개천 물에서 어떤 시체를 발견한 꿈
직장이나 단체에서 자기의 작품이 성취직전에 놓여 있음을 암시한 것이다.

● 샘물이 솟아 산야를 덮는 꿈
창작물로 인하여 크게 성공한다.

● 하수구의 탁류에서 수영을 하는 꿈
독감, 열병에 걸려 한동안 고생을 한다.

● 집안의 물탱크에 물이 가득 고여 있는 꿈
조만 간에 많은 돈이 축적된다.

● 파도가 부딪히는 바위에 서있는 꿈
타인 또는 사회적 관습에 따르게 된다.

● 물이 없는 갯바닥에 조개, 게, 고기가 있는 꿈
정신적 또는 물질적인 사업에서 많은 이득을 보게 된다.

● 뜨거운 물로 몸을 씻는 꿈
사랑 또는 은혜, 협조를 받으며 시험에 합격한다.

● 선녀, 신령 또는 사람이 우물 속에서 나오는 꿈
관청, 학원, 교회 등에서 훌륭한 인재가 나오거나 진리의 서적이
출간된다.

● 물길이 두 갈래로 갈라지는 꿈
신앙이나 사업의 방향을 잃어버리거나 두 방향으로 나누어진다.

● 자신이 물 속을 헤엄쳐 다니는 꿈
학문을 연구하거나 제삼자의 비밀을 알고 싶어 한다.

● 넓은 바다에서 수영하는 꿈
매사에 하는 일이 잘 추진된다.

● 마른 개천에 물고기가 우글거리는 꿈
자기에게 유리한 조건으로 돈을 취득하거나 운영난에 빠지게 된다.

● 흐르는 물이 갑자기 폭포로 변해 소리가 요란한 꿈
어떤 작품 발표로 인해 세상 사람들의 입에 오르내린다.

● 폭포가 장막처럼 쏟아진 꿈
어떤 초청강의나 인터뷰한 내용이 매스컴을 통해 전달된다.

● 바다 한가운데 무덤이 있는 꿈
어떤 회사가 해외에 영향을 주는 일을 관계하거나 세일즈맨이 많이 종사한다.

● 호수가 보라색으로 변한 꿈
어떤 기관에서 자기에게 여러 방면으로 도움을 많이 준다.

● 거북이가 바다에서 하천으로 오르는 꿈
국영기업 일이 개인소유로 전환되어 크게 성공한다.

● 냇물에서 손발을 씻는 꿈
어떤 단체에서 자기가 소원한 일이 성취된다.

● 동물이 호수로 들어간 꿈
어떤 기관에 입사하거나 작품발표를 하게 된다.

● 계곡에 흐르는 물 중앙에 서있는 사람 꿈
자기의 작품이나 논문을 어떤 회사에서 인정해 준다.

● 강물이 거꾸로 흐르는 꿈
자기의 주장을 여러 곳에서 반발하고 나선다.

● 용의 상하체가 각각 다른 곳에 떨어져 있는 꿈
국내사업이 국제적으로 인정을 받는다.

● 호수나 강물이 얼어있는 꿈
여러 방면으로 사업자금이 동결되거나 정체된다.

● 맑은 강물 꿈
자신이 하고 있는 일에 만족을 느낀다.

● 동물이 물 속으로 자취를 감춘 꿈
어떤 일을 끝마치거나 사람이 갑자기 사라진 것을 뜻한다.

● 맑은 물이 개간지 중앙을 흐르는 꿈
어떤 계몽사업이나 교화사업이 뜻대로 잘 추진해 나간다.

● 바닷물이 육지에 들어왔다 빠져나간 흔적을 본 꿈
어떤 일을 추진해나가다가 중간에 포기한다.

● 해일 꿈
태몽이라면 권세를 행사하거나 문학 등으로 혁신적인 일에 종사할
자손을 얻게 된다.

● 바닷물이 집안으로 밀려들어온 꿈
많은 재물이 생겨 부자가 된다.

● 넓은 들에 물이 가득 차 있는 꿈
시원한 물줄기만큼 운세도 시원스레 뻗어나간다. 즉 그동안 어렵
게 느끼던 일이나 생각지도 않은 일들이 잘 풀려나갈 징조이다.

● 맑은 홍수가 자기 집이나 논밭을 덮치는 꿈
자신에게 유리한 방향으로 전개되어 뜻밖의 성공을 거둘 수가 있
다. 그러나 흙탕물은 좋지 않다. 검붉은 흙탕물이 뒤범벅이 되거나
흙탕물로 홍수가 나면 만사가 뜻대로 되지 않는다.

● 밀어닥치는 홍수가 무서워서 피하는 꿈
모처럼 찾아온 좋은 기회를 놓치게 될 가능성이 있다.

● 그릇에 담긴 물이 새는 곳이 없나 살펴본 꿈
사업체를 운영해 나가면서 경비를 절약해서 쓴다.

● 그릇에 담긴 물이 엎질러진 꿈
재물의 손실이 따르고 자기가 소원했던 꿈이 좌절된다.

과일, 식물, 꽃, 곡식,
나무, 농사, 채소,
돌에 관계된 꿈

● 과일을 먹는 꿈
잘 익은 과일을 먹으면 커다란 성과를 거둘 일을 책임지게 된다.
과일을 통째로 삼키면 재물을 얻게 되며 주위에서 좋은 평가를 받
게 된다. 나무 위에 올라가 과일을 따먹으면 취직을 하거나 계약
이 성사되게 된다. 선악과라고 생각되는 열매를 따먹으면 올바른
판단력으로 진리를 깨닫게 된다.

● 과수원에 들어가는 꿈
과수원에 들어가 과수원 안을 거닐면 학문연구에 몰두하거나 사
업을 순조롭게 진행하게 된다. 과수원으로 들어가거나 전경을 바
라보면 학문연구나 사업 등이 계획대로 진행되어 본 궤도에 오르
게 된다.

● 곡식을 높이 쌓아올리는 꿈
여유가 생겨 저축을 하거나 묵묵히 성실하게 공적을 쌓게 된다.
그렇게 쌓아놓은 것을 옮기면 이사를 하거나 재산을 옮기게 된다.

● 오곡이 무성한 꿈
금전운, 사업운, 애정운에 좋아 매사가 순조롭게 이루어진다. 오
곡이 집안에 가득 쌓여 있으면 재물을 모으게 되거나 원하는 것을
이루게 된다.

● 나무를 심는 꿈
성공할 수 있는 토대를 마련하게 된다. 마당에 커다란 나무나 고
목을 심으면 누군가에게 사업체를 인수하거나 훌륭한 인재를 얻게
된다. 정원에 나무를 옮겨다 심으면 자리를 옮기거나 좋은 사람을
만나게 된다.

● 추수를 하는 꿈
오랜 시간 동안 심혈을 기울인 일에 대해 만족할만한 결실을 보게
된다.

● 삼과 관련된 꿈
인삼이나 산삼, 수삼을 캐내면 자신의 작업이 좋은 결과를 거두

어 많은 사람들에게 주목이나 축하를 받고 상당한 재물을 얻게 된다.

● 꽃을 꺾는 꿈
탐스럽고 아름다운 꽃을 꺾으면 뛰어난 창작물을 발표하거나 우수한 발명품을 내놓게 된다. 활짝 핀 꽃을 한꺼번에 꺾어 놓으면 무엇인가를 수집하게 되거나 업적을 남기게 된다. 그리고 꽃가지를 꺾어 쥐고 있으면 순조로운 연애를 하게 된다. 태몽이라면 공인으로 자수성가하는 인물을 낳게 될 것이다.

● 꽃 속에 파묻혀 있는 꿈
훌륭한 배우자를 만나거나 행복한 결혼생활을 영위하게 된다.

● 돌에 꽃이 핀 꿈
명예스러운 일을 활기 있게 번창시키게 되고 환자라면 병이 완쾌된다.

● 백사장 뒤로 자신의 발자국을 남기는 꿈
혁혁한 공을 세워 자신의 자취를 남기게 된다.

● 집이 바위에 깔리는 꿈
실제로는 하는 일이 활기차게 진행된다.

● 흙으로 마당을 일구거나 정원을 매만지는 꿈
하는 일에 기반을 잡게 되고 집안이 안정되는 등 매사가 순탄할 운세이다.

● 울창한 대나무밭에 들어가 길을 잃는 꿈
부부갈등과 동업갈등이 있는데, 부모 자식간이지만 만사 쇠귀에
경 읽기다.

● 과일나무가 방안에 심어져 있는 꿈
충분한 투자여력이 확보되어야 가능한 일인데, 귀인이 따로 있다.

● 감나무에 한개 남은 감을 따먹으려는 꿈
돈버는 비결은 적소적기에 작은 투자를 어떻게 잘 하느냐에 따라
튼튼한 토대가 만들어진다.

● 과일을 가지째 꺾어들고 있거나 꽃가지를 꺾어 쥐고 있는 꿈
구혼, 청혼, 데이트신청을 나타내는데, 당신의 가슴에 화려한 장
미꽃다발 을 안아보라.

● 떨어진 밤알을 주머니에 넣거나 자루에 담는 꿈
선물, 위문, 견학, 여행에서 횡재가 따르는데, 항상 정성스런 마음
과 겸손함을 보여야 한다.

● 곶감꼬치에서 곶감을 한 개씩 빼먹는 꿈
대체로 늦 결혼한 사람이 임신했을 때 꾸는 꿈으로 유산의 위험이
따르기 때문에 여행을 삼가하고 몸놀림에 유의해야 한다.

● 자신이 꽃의 요정이 되어 꽃들 속에 파묻혀 있는 꿈
좋은 인연을 만나지만 부동산이나 문서계약에서의 함정을 조심하라.

● 고목에 이름 모를 꽃 한 송이가 피어있어 이를 꺾으려고 손을 갖
다댄 꿈
최고보다는 최선의 진행이 당당한 결과를 가져다준다. 시작과 끝
을 초지일관으로 밀고 나가야 한다. 따라서 미혼남녀는 후회를 만
들지 않도록 신중해야 한다.

● 배추포기가 탐스러워 뽑아보니 배추 잎에 배추벌레가 득실거리는 꿈
전문기술을 공부하면 발전적인 계기가 된다. 조직생활과 모임에

서 언행을 조심해야 한다.

● 오이넝쿨에 오이, 가지, 고추, 토마토가 열려있는 꿈
새 환경과 새로운 변신에 좋은 결과가 보장된다. 이사계약은 자신
있게 밀어 붙여라.

● 푸른 고추를 한 소쿠리 따서 마당에 내려놓는 꿈
재복의 길조가 보이고 여유가 있는 개척을 하게 된다. 애정은 꽃피
고 화기애애하며 일은 마음먹은 대로 성취된다.

● 잎이 없는 대추나무를 흔들어 대추를 따는 꿈
딸, 며느리, 친구 간에 분쟁이 일어난다. 자신이 먼저 주저하지 말
고 길동무를 만들듯 사랑을 보이도록 하라.

● 높은 산에 올라가 만발한 꽃을 바라보고 있는 꿈
불투명한 일의 진행에 좋은 결과가 있다.

● 예식장에 사람은 없고 온통 화환으로 화려하게 장식되어 있는 꿈
절망하지 말라. 결국 자신을 구하는 것은 자신일 뿐이다. 시간과
공간에 속박되지 말고 지금 시작하라.

● 꽃이나 어린나무를 뿌리째 뽑아서 집정원이나 화분에 심는 꿈
행복한 시간을 보내게 되고 끝없는 자기와의 투쟁에서 이기게 된다.

스님이 옥반에 어사화를 담아주며 환하게 미소 짓고 있는 꿈
만인의 도움으로 예상 밖의 성공을 거두게 된다. 물질적으로도 풍
요로운 여유가 생기고 집안에 경사가 있으며 특진이나 승급이 따른
다.

● 채소밭에 채소가 아닌 꽃이 피어있는 꿈
마찰이 예상되는데, 이해가 상반되기 때문에 항상 겸손하게 처세
하라.

● 우물 속에 싱싱한 오이가 둥둥 떠 있는 꿈

재운이 따르고 새 변화를 계획한다. 자신 있게 일을 밀고 나가도 걱정할 일이 없으며 좋은 이웃을 만난다.

● 연시를 따먹거나 사먹는 꿈
맡고 있는 일이 쉽게 풀리고 자기에게 이득이 있다.

● 떨어진 밤알을 여러 개 먹거나 주머니에 넣는 꿈
다른 사람과 사소한 일로 다툰다.

● 붉은 대추를 많이 따온 꿈
재물이 생기고 여러 가지로 사업성과를 나타낸다.

● 잘 익은 복숭아를 얻은 꿈
남녀교제가 자연스럽게 이루어지고 학생은 학업성적이 우수해진다.

● 집안에 심은 과일나무에 과일이 주렁주렁 달리는 꿈
결혼, 사업, 작품 등을 나타낸다.

● 한개 뿐인 빨간 과일을 따 먹는 꿈
여자를 만나거나 고시에 합격한다.

● 감을 차에 싣고 운반하는 꿈
출판된 서적을 판매한다.

● 여러 개의 배나무를 단계적으로 심는 꿈
순리대로 사업이 이루어진다.

● 누런 과일과 푸른 과일을 몰래 훔치는 꿈
제삼자를 통해서 혼담이 이루어진다.

● 풋과일을 어른이 따줘서 먹는 꿈
제대, 퇴직, 불합격 등에 관한 일이 생긴다.

● 나무 중간에 열린 과일을 따는 꿈
태몽이라면 별 어려움 없이 일을 추진해 나갈 자손을 얻는다.

● 배나무에 배가 주렁주렁 달린 꿈
하고 있는 일이 순리대로 풀린다.

● 전주에 달린 과일을 모르는 사람이 따다가 버리는 꿈
계약이 깨지고 사람이 행방불명된다.

● 감나무에 오르거나 감을 따먹는 꿈
일을 단계적으로 차근차근 진행해 나간다.

● 쪼개진 과일을 얻은 꿈
확실하지 않은 사업에 손을 댄다.

● 밤알을 벅찰 정도로 많이 가져온 꿈
태몽이라면 부귀영화를 누릴 자손을 얻는다.

● 붉게 익은 사과 여러 개를 따오는 꿈
여러 가지 일에 종사해서 성과를 얻는다.

● 꽃이 달린 채 떨어진 풋감을 주워 담는 꿈
연구 자료를 수집하거나 자본을 구하게 된다.

● 곶감꽂이에서 곶감을 한 개씩 빼먹는 꿈
마무리 단계에 있는 일을 맡게 된다.

● 복숭아꽃과 살구꽃이 만발한 장소를 걷는 꿈
자신을 내세우거나 남녀가 관계를 맺는다.

● 혼담이나 사업상의 일로 썩은 과일을 얻어오는 꿈
결혼, 사업 등이 불행을 가져온다.

● 개간해서 논밭을 일구는 꿈
개척 적이며 계몽적인 일을 계획해서 추진한다.

● 계단식 논의 논두렁을 여러 사람이 따로따로 걸어가는 꿈
친구를 사귀어도 일하는 분야가 각각 다르다.

● 곡식이 익은 들판에 세워놓은 허수아비를 흔드는 꿈
태몽이라면 그림에 관해서 공부할 자손을 얻게 된다.

● 곡식이 전혀 없는 논두렁을 걷는 꿈
사업체, 여건, 환경 등에 변화가 따르게 된다.

● 곡식의 이삭을 얻는 꿈
여러 방면으로 도움을 받아 사업자본이 생긴다.

● 논밭에서 많은 사람이 일하는 것을 보는 꿈
다른 사람들의 도움으로 많은 사람과 유대관계를 갖게 된다.

● 논에 물이 흥건히 고이는 꿈
모든 조건이 여러모로 만족한 상태를 나타낸다.

● 들판에 메밀꽃이 활짝 피는 꿈
하고 있는 일이 순리대로 이루어진다.

● 들판에 수북이 쌓인 쌀을 보는 꿈
부지런하고 검소하게 생활하면 많은 재물을 모은다.

● 모를 심는 꿈
자신이 하고 있는 일을 다른 사람에게 널리 알리고 싶어 한다.

● 물이 넘쳐 남의 집 논으로 들어가는 꿈
재물의 손실이 생긴다.

● 물이 마른 논을 보는 꿈
가정이나 사업측면에서 재정이 어렵게 된다.

● 밭이랑을 만드는 꿈
여러 분야로 나누어 사업을 계획한다.

● 벼 베는 것을 보는 꿈
사업이 잘 운영되어 사업의 결실을 얻게 된다.

● 볍씨, 밭곡식의 씨앗을 많이 보는 꿈
정신적인 평화나 물질적 자원인 재물 등을 나타낸다.

● 볏 가마를 밖으로 실어내는 꿈
자신의 재물이 밖으로 나가는 것을 의미한다.

● 볏단을 쌓거나 옮기는 꿈
사업의 성공이나 유산의 상속 등 재물이 불어나는 것을 의미한다.

● 볏단이 마당에 높이 쌓여있는 꿈
재물, 일거리, 사업체 등을 나타낸다.

● 쌀가마가 집안에 수북이 쌓여있는 꿈
재물이 생기거나 사업이 번창하고 집안의 경사가 이어진다.

● 쌀가마나 볏섬을 다른 사람이 가져가는 꿈
세금을 내고 재물의 일부를 남에게 나누어 준다.

● 쌀을 남에게 조금 주는 꿈
불안했던 마음이 안정된다.

● 수북이 쌓아놓은 콩깍지가 썩는 꿈
사업자금, 재산 등이 탕진된다.

● 씨앗이 많이 달린 곡식을 보는 꿈
작은 사업이나 학문 등을 연구하게 된다.

● 알곡과 쭉정이를 가려내는 꿈
공적인 것과 사적인 일을 구분할 경우가 생긴다.

● 우마차로 볏단을 실어다 놓거나 몰래 갖다놓는 꿈
재물이 생기고 좋은 아이디어를 개발한다.

● 잡곡밥을 먹는 꿈
힘든 일을 하거나 하고 있는 일이 썩 마음에 내키지 않는다.

● 전답을 파는 꿈
남에게 사업자금을 대준다.

● 창고에 들어있던 벼가 쌀이나 해바라기 씨로 변하는 꿈
좋은 책을 읽고 많은 지식을 얻게 된다.

● 콩을 많이 본 꿈
사업의 성과, 재물 등의 풍성함을 나타낸다.

● 팥이나 콩을 휘저어 놓는 꿈
집안에 어려운 일이 생긴다.

● 해바라기, 참깨, 담배 등 특용작물 꿈
성장 과정, 재물 등을 일반적으로 나타낸다.

● 호박이나 오이구덩이에 비료를 주는 꿈
정신적, 물질적 투자를 나타낸다.

● 마당에 고추가 있는 꿈
사업을 추진하려고 여러 가지 계획을 세운다.

● 무나 파밭 근처에 배추밭이 있는 꿈
미혼자는 혼담이 오고가고 기혼자는 가정이 행복해 진다.

● 무성하게 자라고 있는 채소류 꿈
사업, 혼담, 계약 등이 순조롭게 이루어진다.

● 물에 떠있는 시든 배추를 건지는 꿈
집안에 불길한 일이 생긴다.

● 바구니에 붉은 고추를 가득 따온 꿈
태몽이라면 사업을 할 자손을 얻게 된다.

● 밭에 있는 신선한 채소 꿈
남을 통해서 자기사업이 발전한다.

● 뱀이 오이를 감고 있는 꿈
배우자 이외에 다른 사람과 관계를 맺게 된다.

● 소금에 절인 배추 꿈
집안에 화근이 생긴다.

● 수삼이나 건삼을 많이 캐거나 사오는 꿈
많은 재물과 재산이 불어난다.

● 신선한 청과류를 많이 보유한 꿈
사업성과, 재물 등이 생긴다.

● 인삼을 얻는 꿈
여러 방면으로 남의 주목을 받게 된다.

● 오이를 먹는 꿈
남녀가 서로 인연을 맺게 된다.

● 자극을 주는 조미료 꿈
재물, 학습 교재, 자본 등을 나타낸다.

● 채소를 좋은 것으로 고르는 꿈
연구, 사업, 재물 등에 이득이 생긴다.

● 채소밭에 꽃이 만발한 꿈
경사스러운 일이 있다.

● 청과류를 시장에서 사오는 꿈
재물과 가정에 경사스러운 일이 생긴다.

● 청과류의 모양이 길쭉하게 보였던 꿈
일반적으로 남자를 의미한다.

● 호박이 여기저기 많이 열려 있는 꿈
작품, 일의 성과 등을 나타낸다.

● 과수원을 거니는 꿈
앞으로 재물이 늘어나고 지위가 높아지며 이름을 떨쳐 명예로워
진다.

● 열린 감 꿈
장차 훌륭한 사람이 되어 세상의 씨앗이 된다는 의미를 갖는다.

● 곶감이 광주리나 선반위에 있는 꿈
돈이 생기거나 상을 받을 일이 생기게 된다.

● 배를 먹는 꿈
어떤 기쁜 일이 생기거나 답답했던 일이 속 시원하게 해결된다.

● 밤송이를 발라 밤알을 취하는 꿈
지금까지 노력한 결실을 얻게 되는 좋은 꿈이다.

동물에 관계된 꿈

● 큰 돼지가 집 안으로 들어오는 꿈
상대방은 복이 많은 사람이다.

● 돼지가 치마폭을 물고 늘어지는 꿈
청혼자를 거절하지 못하고 받아들인다.

● 죽어 상한 돼지를 가져오는 꿈
집안에 화가 생긴다.

● 돼지가 되거나 돼지 행세를 하는 꿈
부자가 되거나 좋은 집에 살게 된다.

● 죽여야 할 돼지가 갑자기 사람이 되어 동정과 연민을 느끼는 꿈
하는 일에 대해서 실패하거나 불안에 빠진다.

● 성난 돼지가 자기를 쓰러뜨리고 발로 밟는 꿈
빚쟁이에게 커다란 고통을 당한다.

● 제사상에 돼지머리를 올려놓는 꿈
작품, 뇌물, 수수료 등을 제삼자에게 바치고 평가 또는 보답을 얻게 된다.

● 돼지를 파는 꿈
자기소유의 물건을 잃어버리거나 남에게 일거리를 빼앗기게 된다.

● 돼지고기를 상식 이상으로 많이 사는 꿈
뜻하지 않은 많은 재물을 얻게 된다.

● 돼지새끼를 사는 꿈
적은 돈을 얻지만 그 돈을 이용하여 큰 재물을 만들 수 있다.

● 돼지와 방에서 싸우다 돼지의 목을 누르는 꿈
사업을 일으키거나 재물을 소유하며 경쟁, 재판 등의 시비가 있지만 승리한다.

● 멧돼지를 잡는 꿈
대학입학, 고시합격, 권리확보 등이 뜻대로 성사된다.

● 돼지고기를 먹는 꿈
따분하고 답답한 일에 종사하게 된다.

● 돼지새끼를 쓰다듬은 후 아이를 낳는 꿈
태몽이면 재물이 많은 자식을 낳겠지만 그 자식으로 인해서 마음
고생 한다.

● 돼지 한마리가 갑자기 여러 마리로 변하는 꿈
재물이 생기며 사업이 번창한다. 연구하는 직업을 가진 사람은 좋
은 결실을 맺게 된다.

● 돼지머리를 제사상에 올려놓는 꿈
자신의 작품 등을 제삼자에게 칭찬받거나 누구에겐가 물질적인
보답을 받게 된다.

● 황소만한 돼지가 가는 곳마다 따라오는 꿈
재산이 많은 사람의 도움을 받아 경제적으로는 풍족하지만 심적
부담을 느끼게 된다.

● 돼지가 옆에서 따라오는 꿈
하는 일마다 실패가 없으며 남이 부러워할 정도로 순탄한 길을 걷
게 된다.

● 멧돼지 수십 마리가 한꺼번에 몰려오는 꿈
직계가족, 일가친척 중에 자식을 낳은 사람이 있으며 그 자손의
앞날은 밝다.

● 돼지가 우리 밖으로 뛰쳐나가는데도 붙잡지 못한 꿈
하는 일이 심하게 꼬이거나 물질적인 손해를 보게 된다.

● 여러 마리의 돼지새끼를 낳아 그 돼지가 자라서 우리 안에 가득한 꿈

부동산이나 증권 등에 투자한 돈이 몇 배로 불어날 조짐이 있다.

● 맹수 이상으로 사나운 돼지가 갑자기 방에서 사람으로 변하는 꿈
상대하는 사람의 겉과 속이 다를 수가 있다.

● 죽은 돼지를 어깨에 걸머지고 오는 꿈
가정에 화근이 생긴다.

● 돼지를 차에 싣고 오거나 등에 지거나 물고 오는 꿈
명예를 얻거나 돈이 생긴다.

● 돼지새끼를 실어다가 집 마당에 풀어놓는 꿈
많은 상품 또는 재물이 생기지만 빛 좋은 개살구다.

● 돼지의 엉덩이를 칼로 찌르고 목을 쳐서 죽이는 꿈
무슨 일을 하는데 시작은 잘 했으면서도 결과가 신통치 못하다.

● 돼지를 사다가 잡아서 파는 꿈
재물을 잃거나 다른 사람에게 주게 된다.

● 멧돼지가 사람을 물려고 덤벼드는 것을 죽이는 꿈
힘들고 어려운 일이나, 적의 침입을 막을 수 있다.

● 돼지머리를 삶아서 칼로 썰어 그 일부를 감추어 두는 꿈
사업상의 장부를 위조해 세금의 일부를 급한 곳에 활용할 수도 있다.

● 죽여야 할 돼지나 싸워야 할 돼지가 갑자기 사람이 되는 꿈
경쟁상대가 우세해지거나 동정, 실의 등으로 매사에 좌절하게 된다.

● 다양한 색깔의 돼지새끼들이 태어나는 것을 보고 출산하는 꿈
직계가족 중에서 이별을 하거나 자손들이 제각기 다른 사업에 손
을 대게 된다.

● 돼지 여러 마리가 교미하고 있는 꿈
하는 일이 번창 하거나 축하를 받을 일이 생긴다.

● 가까운 친척 중의 한사람이 돼지를 몰고 오는 꿈
직계가족 중의 한사람이 가까운 시일 내에 돈을 가져온다.

● 개와 고양이가 서로 싸우는 꿈
두 사람이 세력다툼을 벌이게 된다.

● 개가 높은 건물 위에 오르거나 공중을 나는 꿈
높은 관직에 오르거나 추진하고자 하는 일에 행운을 가져온다.

● 하반신은 개이고 상반신은 양이며 페니스가 노출된 꿈
겉으로는 양같이 온순해 보이지만 실제로는 개처럼 방탕한 사람
임을 상징한다.

● 값이 비싼 애완용 개를 사오는 꿈
좋은 학과에 입학한다.

● 개들끼리 서로 싸우는 꿈
어떤 사람이 헐뜯고 비난하는 것을 참견하다 오히려 화를 입는다.

● 개가 손을 물고 놓지 않는 꿈
작품, 능력 등을 평가받을 일이 생긴다.

● 개를 죽이는 꿈
하고자 하는 일이 성사되며 남에게 폐를 끼친 것을 갚게 된다.

● 해질 무렵에 개가 달려가는 꿈
탐정, 기자, 취재 등의 일에 종사하는 사람들은 능력을 발휘할 수
있다.

● 개에게 물려서 흉터가 남는 꿈
주어진 일이 성사되며 물린 자리에서 피가 나면 가까운 사람에게

화를 입는다.

● 개를 따라 다니는 꿈
상대방에게 부탁한 일을 해결 못해서 제3자를 통해서 해결을 보게
된다.

● 개가 두발로 서서 움직이는 꿈
아는 사람이 자기를 인신공격 하거나 구타할 일에 직면한다.

● 집을 나갔던 개가 다시 찾아와서 기뻐하는 꿈
생각지도 못했던 곳에서 소식이 온다.

● 개가 사납게 짖어 집 안으로 못 들어가는 꿈
들어가야 할 곳을 들어가지 못해서 난처한 입장에 처하게 된다.

● 어느 집을 방문했을 때 개에게 물리는 꿈
자기가 하고 있는 일이 잘 풀리게 된다.

● 개를 잡아서 먹은 꿈
자본금을 마련해서 사업에 돌입하거나 빌려준 돈을 못 받게 된다.

● 용을 타고 산으로 들어가는 꿈
관직에 오르거나 학업 또는 사업 등이 크게 형통한다.

● 자기가 용으로 변하는 꿈
큰 세력을 잡거나 작품으로 명성을 떨친다.

● 용이 공중에서 떨어지는 꿈
지위, 권세 등이 몰락한다.

● 하늘에서 용이 내려오는 꿈
권세, 지위, 명성 등이 몰락하고 힘든 일이 성사되기도 한다.

● 용을 두 팔로 꼭 껴안고 있는 꿈
일거리가 많이 들어오고, 뜻밖의 사람을 만나게 된다.

● 용이 바다에서 승천하는 꿈
사회적 기반으로 인하여 성공할 발판이 마련된다.

● 용을 타고 하늘을 나는 꿈
권세가가 되며 시험합격, 소원성취 등이 이루어진다.

● 화재가 난 집에서 용이 승천하는 꿈
하고 있는 일이 날로 번창해서 세인의 이목을 받는다.

● 구름속의 용이 큰소리로 울부짖는 꿈
사업에 크게 성공하여 사람들을 놀라게 한다.

● 승천하려는 용의 꼬리를 붙잡았다가 놓치는 꿈
꼬이기만 하던 일이 풀리게 되고 출세할 사람과 만나게 된다.

● 용이 대문으로 들어오는 꿈
귀한 사람이 찾아오거나 하는 일이 순조롭게 풀린다.

● 용이 물 속에서 자는 꿈
어떤 기관에 소속되어 있는 일을 관계하거나, 금은보화를 얻게 된다.

● 무기를 사용해서 용을 죽이는 꿈
장애물을 제거하고 하고자 하는 일을 성취하게 된다.

● 용이 사람을 물어 죽이는 꿈
권세가에 의해서 일이 성사되거나 반대로 어떤 사람의 파탄을 보게 된다.

● 용이 승천하는데 희미하게 보이는 꿈
한때 세인의 주목을 받지만 곧 잊혀지게 된다.

● 이무기가 용이 되어 구름 속에서 불덩이 두 개를 떨어뜨리는 꿈
자손이 크게 성공해서 세상을 놀라게 하고 업적을 남길 것이다.

● 용의 조각품이나 문신을 보는 꿈
세상이 알려진 사람의 기사를 읽거나 희귀한 서적이나 물건을 보게 된다.

● 쌍룡이 몸을 꿈틀거리며 승천하는 꿈
자손이 문무를 겸비한 훌륭한 인물이 되고, 남녀의 결합을 나타낸다.

● 고양이를 잡아 죽이는 꿈
방해자를 제거할 수 있다.

● 원숭이가 높은 곳으로 기어오르는 꿈
하고 있는 일이 잘 된다. 원숭이가 위에서 내려다보면 헤어진 사람이 자기 주위를 항상 맴돌고 있다.

● 원숭이 귀가 떨어져 나간 꿈
나쁜 근성을 가진 사람과 인연이 끊어지게 된다.

● 원숭이끼리 서로 싸우는 꿈
문화생활을 즐기거나 자기 일에 간섭하는 사람을 책망한다.

● 고양이가 쥐를 잡는 꿈
수사관인 경우는 범인을 잡거나 처리 안 되고 보류되었던 일이 풀린다.

● 고양이가 집을 뛰쳐나가는 꿈
데리고 있는 사람을 해고시키거나 물건을 분실한다.

● 고양이와 강아지가 함께 있는 꿈
성격이 안 맞는 사람과 가까이 있어야 할 일이 생긴다.

● 닭장을 들여다보는 고양이이 꿈
자신에게 손해를 끼칠 사람이 나타나거나 재산을 보호해줄 고용
인을 채용하게 된다.

● 고양이를 귀여워 해주는 꿈
사람을 품에 안을 일이 생기며, 힘든 일을 맡게도 된다.

● 고양이와 개가 서로 할퀴고 싸우는 꿈
세력 다툼을 하거나 공박하는 일에 관계한다.

● 고양이의 눈이 반짝거리는 꿈
창작품, 학설 등이 뚜렷한 이미지를 나타내어 사람들에게 감동을
준다.

● 소를 끌어다가 고삐를 기둥에 매는 꿈
고용인, 며느리, 아내 등을 얻거나 어떤 사업체 또는 재물을 얻는다.

● 소를 끌고 집으로 들어가는 꿈
결혼, 재물, 사업체 등이 생긴다.

● 소가 멀리 매어져 있는 것을 보는 꿈
먼 곳에 있는 여자와 결혼하거나 상당한 시일이 걸려야 배우자를
만날 수 있다.

● 검은 소를 보는 꿈
탐탁지 않은 배우자를 만나거나 반대로 아주 훌륭한 배우자를 만
난다.

● 남의 집 소를 훔쳐오는 꿈
결혼 또는 임신을 하게 된다.

● 누런 암소를 끌어다 매는 꿈
며느리, 여자, 고용인 등을 얻거나 재물이 생긴다.

● 검은 소가 외딴 들판에 매어져 있는 꿈
사람을 얻거나 탐탁하게 생각할 수 없는 남의 식구를 맞이한다.

● 소가 공중에 매달려 있는 꿈
계약자가 행방불명되어 돈을 날리게 된다.

● 투우경기를 관람하는 꿈
이권 또는 이념의 대립이 있게 된다.

● 황소 세 마리가 매어져 있는 꿈
아들 셋을 두며 자수성가한다.

● 소에다 소금 두 가마를 싣고 오는 꿈
중년 이후 또는 말년에 두 가지의 사업을 벌여 횡재한다.

● 소를 자신이 죽이는 꿈
추진하는 사업이 잘 진행된다.

● 소의 털이 잡색 또는 점박이인 꿈
여러 가지 특성을 지닌 사람, 재물, 작품 등을 상징하지만 탐탁치
못하다.

● 소가 말을 하는 꿈
책을 상징한다.

● 죽은 소를 묻으려고 하는 꿈
집안에 화근이 생긴다.

● 밖으로 뛰쳐나간 소를 잡지 못하는 꿈
믿었던 사람이 배신하거나 재물의 손실을 가져온다.

● 외양간에 매어진 소가 머리를 밖으로 향하는 꿈
집안에 있는 사람이 오래 머물러있지 않는다.

● 여러 사람이 소의 등을 타고 가는 꿈
여러 사람과 협조할 일이 있다.

● 롤 팔고 사는 꿈
집안 식구, 사업, 재물 등이 바뀐다.

● 소에게 받히는 꿈
신임하고 있던 사람에게 배반당하거나 정신적인 고통을 받는다.

● 자신을 보고 소가 웃는 꿈
관계하고 있는 사람들이 서로 다투거나 나쁜 일이 생긴다.

● 논두렁이나 함정에 빠져있는 소를 구해주는 꿈
가까운 곳에 있는 사람들이 병들거나 모함에 빠지고, 기울던 가산, 사업 등을 구해낸다.

● 아픈 사람이 깊은 산 속으로 소를 끌고 들어가는 꿈
사람을 잃거나 재물의 손실을 가져온다.

● 많은 소가 목장에서 평화롭게 놀고 있는 꿈
많은 사람을 대하거나 일거리가 생긴다.

● 소를 팔러 가는 꿈
집, 고용인, 재물 등을 잃게 되거나 다른 사람에게 빌려준 물건을 찾기가 힘들다.

● 성난 소가 뒤 쫓아와 도망가는 꿈
사업상의 일이나 책 등을 접하게 된다.

● 누런 암소가 검정 송아지를 낳는 꿈
태몽이라면 자손의 여러 사람과 자주 다툰다.

● 황소 여러 마리가 매어져 있는 꿈
태몽이라면 자손이 많거나 자수성가할 인물이다.

● 소를 기르는 꿈
집안 식구나 협조자가 방황하게 된다.

● 소뿔에서 피가 흐르는 꿈
진급이 되거나 학술 등으로 세인들의 관심을 받게 된다.

● 소뿔이 잘 생기고 털에 윤기가 나는 꿈
좋은 사람을 만나고 뛰어난 작품을 접하게 된다.

● 소의 다리를 묶어 매단 것을 보는 꿈
자신을 내세워 내면의 모든 것을 남에게 보여준다.

● 소가 수레를 끌고 가는 꿈
많은 사람과 협력하여 하고자 하는 일이 이루어진다.

● 소를 타고 거리를 나가는 꿈
공공단체나 협조자에 의해서 일이 잘 추진된다.

● 짐을 가득 실은 소가 지쳐있는 꿈
하고 있는 일이 너무나 힘들어서 고통을 받는다.

● 많은 사람이 쇠고기를 자르는 꿈
물건을 서로들 나누어 가지려다 시비가 생긴다.

● 소의 털이 여러 가지 빛깔을 띠는 꿈
사람, 재물, 작품 등이 여러 가지의 특성을 나타내지만 탐탁하지
못하다.

● 소에다 쟁기를 매고 농사일을 하는 꿈
어떤 사람 또는 협조자를 시켜 일을 추진한다.

● 자신이 소를 이끌고 산에 오르는 꿈
자신을 내세울 일이 있거나 재물이 생긴다.

● 목부가 여러 마리의 소를 몰고 앞으로 향하는 꿈
단체의 주도권을 잡거나 재물이 한곳으로 모인다.

● 소가 분뇨를 보는 꿈
물심양면으로 성과가 좋다.

● 쥐, 토끼, 족제비, 염소, 양, 쥐를 잡아 죽이는 꿈
어떤 사람을 설득하거나 어떤 일이 성사되어 재물의 손실을 막는다.

● 도망치는 쥐를 돌멩이로 잡는 꿈
잔꾀를 부리는 사람, 연구하는 사람을 설득하여 어떤 일을 성사시킨다.

● 젖을 짜는 양을 보는 꿈
어떤 사업으로 많은 재물을 모은다.

● 상자 속에 든 쥐를 죽이니까 다른 한 마리도 죽는 꿈
두 개의 작품이 연달아 발표된다.

● 쥐를 잡았는데 페스트균을 옮기는 쥐라고 누가 알려주는 꿈
베스트셀러가 될 작품을 발표하게 된다.

● 쥐가 호랑이나 고양이로 변하는 꿈
하급 공무원에서 차차 진급함을 예시한 것이다.

● 쫓던 쥐가 구멍 속으로 사라지는 꿈
목적한 일의 뜻을 이루지 못한다.

● 들판에 널려있는 농작물을 쥐떼가 먹는 꿈
사업실패의 운세에 놓이게 된다.

● 토끼가 새끼를 낳고 있는 꿈
많은 재물이 생기거나 어떠한 일에 몰두하게 된다.

● 창고에 쌓아 둔 곡식을 쥐떼들이 먹어 치운 꿈
하고 있는 일이 크게 번창한다.

● 박쥐에게 물리는 꿈
자기에게 직분이 주어진다.

● 양을 한꺼번에 몰아다 집에다 매놓는 꿈
좋은 사람이 들어오고 재물까지 얻는다.

● 양떼를 몰고 다니는 꿈
성직자, 교육자 등이 되거나 인재를 양성하는데 종사한다.

● 끼장에서 토끼가 나오려고 하는 꿈
소속되어 있는 곳에서 나오려고 한다.

● 풀을 뜯고 있는 양을 보는 꿈
자기 일에 충실함을 나타낸다.

● 산토끼가 숲 속이나 바위 속으로 몸을 숨기는 꿈
좋은 일이 있을 뻔하다가 말고, 하고 싶지 않은 일을 접하게 된다.

● 방안에 들어가 있는 쥐를 잡으려 하는 꿈
정당하지 못한 자를 가려내고 일의 협조자를 만난다.

● 많은 토끼들이 들판에서 노는 꿈
맡고 있는 일을 활동적으로 추진해 나간다.

● 쥐가 다른 형태로 변하는 꿈
장애물 없이 하고 있는 일이 순리대로 풀려나간다.

● 잡으려던 쥐가 쥐구멍으로 도망치는 꿈
계획했던 일이 제대로 풀리지 않는다.

● 다람쥐가 나무에 오르는 꿈
권위를 남 앞에 내세운다.

● 쥐구멍에서 쥐가 머리를 내민 모습이 인상적으로 보이는 꿈
자기에게 관심을 가지고 지켜보는 사람이 있다.

● 음식을 먹어치우는 쥐떼를 보는 꿈
하는 일이 뜻대로 되지 않고 몇 번의 고비를 겪는다.

● 산등성이의 구멍에 쥐가 들어오는 꿈
자신이 맡고 있는 일이 세인의 관심의 대상이 된다.

● 박쥐가 덤벼드는 꿈
원인을 알 수 없는 병증세가 나타난다.

● 토끼장에 많은 토끼를 기르는 꿈
일을 여러 가지로 해보거나 어느 단체에서 사람들이 직무에 종사
함을 본다.

● 쫓기는 쥐를 때려잡는 꾼
약삭빠른 사람을 설득시켜 일을 성사시킨다.

● 쥐가 물건을 쏠아 먹거나 물체 밑을 파는 꿈
큰일을 시작하거나 단체 활동에 가입한다.

● 족제비를 붙잡거나 몸으로 부딪히는 꿈
태몽이라면 영리하고 재주 있는 자손을 낳는다.

● 실험용 흰쥐가 우리에 있는 꿈
갖가지의 물건을 손에 넣을 수 있는 일이 생긴다.

● 큰 뱀을 붙잡거나 뱀에 물리고 그 뱀을 잡아 죽이는 꿈
입학, 취직, 시험에 무난히 합격된다.

● 큰 구렁이가 방안에 들어와 있는 꿈
큰 권세를 얻게 될 사람과 약혼한다.

● 앞에 있던 뱀이 방안에 들어와 사람으로 변하는 꿈
자신의 일에 많은 발전을 가져온다.

● 뱀이 조상을 졸졸 따라다니다가 사라지는 꿈
결혼한 사람은 이별수가 있다.

● 매우 큰 뱀이 꼬리가 잘려지는 꿈
어떤 회사의 직원이 인원감축을 예지하였다.

● 도마뱀이 한곳으로 줄지어 모여드는 꿈
직원을 모집하거나 연구 자료를 수집할 일이 발생한다.

● 큰 뱀이 용이 되어 하늘로 오르는 꿈
평범한 연구 성과가 크게 빛을 발하여 큰 명예를 얻는다.

● 뱀이 자기를 물고 사라지는 꿈
일시적으로 어떤 회사나 기관으로부터 재물을 얻는다.

● 뱀에 물린 자리에서 독을 짜내는 꿈
어떤 회사로부터 일의 대가를 여러 번에 걸쳐서 지불받게 된다.

● 다가오는 뱀의 머리만 보이는 꿈
다툴 일과 관계된다.

● 뱀이 칼을 삼키는 꿈
자기의 능력이나 작품 등으로 권세와 명예를 얻는다.

● 뱀이 호랑이를 잡아먹는 꿈
이질적인 두 단체가 대립하지만 어느 한편이 승리하여 한쪽이 몰락한다.

● 큰 구렁이가 쥐구멍으로 들어가는 꿈
유산이나 사망을 예시한다.

● 구렁이가 자신을 무는 꿈
제삼자에게 도움을 많이 받는다.

● 새빨간 뱀이 치마 속으로 들어오는 꿈
태몽이라면 건강하고 정열적인 아이를 갖는다.

● 축 늘어져 있는 황색 구렁이가 사라져 버리는 꿈
누군가가 나타나 자신에게 도움을 주기는커녕 불쾌하게 만든다.

● 수많은 뱀이 길바닥에 우글거리는 꿈
태몽이라면 남을 가르치는 직업을 가질 자손이다.

● 온몸을 감은 뱀이 혓바닥을 날름거리고 있는 꿈
약한 사람이 자기에게 피해를 준다.

● 청 구렁이가 숲속에 길게 늘어져 있는 꿈
태몽이라면 남에게 선망의 대상이 될 자손을 얻는다.

● 쫓아오던 뱀이 사람으로 탈바꿈하는 꿈
하고 싶지 않은 일을 회피하려고 하지만 어쩔 수 없이 해주게 된다.

● 큰 구렁이를 죽여 피가 난 꿈
장애물을 제거하여 뜻대로 일이 성사된다.

● 뱀이 나무의 줄기처럼 길게 늘어져 있는 꿈
남의 잔꾀에 넘어가기 쉽다.

● 뱀을 토막 내어 먹는 꿈
자기가 모르는 것을 남을 통해서 안다.

● 집안으로 뱀이 들어온 꿈
집안 식구가 늘어나거나 사업상 일이 생긴다.

● 뱀과 성교하는 꿈
계약을 하거나 다른 사람과 동업을 한다.

● 연못 속의 수많은 뱀을 들여다보는 꿈
유물, 골동품, 금은보화 등을 얻게 된다.

● 구운 구렁이 토막을 먹는 꿈
출판된 서적을 읽고 많은 지식을 얻는다.

● 큰 구렁이 주위에 뱀들이 우글거리는 꿈
권세를 잡거나 사회단체의 주도권을 쥐게 된다.

● 산정에서 청 구렁이가 몸 전체를 아래로 늘어뜨린 꿈
태몽이라면 공공단체에서 우두머리가 될 자손을 얻는다.

● 뱀에게 물려 독이 몸에 퍼진 꿈
자신을 남에게 과시하거나 재물이 생긴다.

● 치마로 싼 구렁이를 때려잡는 꿈
가정에 화근이 생긴다.

● 뱀이 온몸을 감고 턱밑에서 노려보는 꿈
가까운 사람으로 인해 구속받거나 사소한 말다툼으로 신경을 쓴다.

● 큰 구렁이가 작은 구멍 속으로 들어가는 꿈
가정에 좋지 않은 일이 생긴다.

● 전신을 감고 있는 뱀을 죽이는 꿈
어려웠던 난관이 순리대로 풀린다.

● 머리가 여러 개인 뱀이 물 속에 있는 꿈
교양 있는 책을 읽거나 귀한 물건을 보게 된다.

● 큰 구렁이가 용마루에 들어가는 꿈
태몽이라면 공공단체의 주도권을 쥐게 될 자손을 얻는다.

● 구렁이가 허물을 벗고 사라지는 꿈
자신의 잘못을 뉘우치고 새로운 사람이 된다.

● 자기 발을 문 뱀을 그 자리에서 밟아 죽이는 꿈
태몽이라면 자손에게 나쁜 영향이 미친다.

● 수많은 뱀이 문틈 사이로 들어오는 꿈
여러 계층의 사람과 접하게 되고 자신의 신변에 관한 이야기를 타
인에 의해 듣게 된다.

● 뱀의 몸속에서 이빨 고치는 약을 구하는 꿈
뜻밖에 생활에 필요한 필수품이 생긴다.

● 구렁이가 전신을 감고 있는 꿈
여러 계층의 사람들과 만나게 된다.

● 숲에서 나온 호랑이가 엉금엉금 걷다가 뛰어가는 꿈
작품 광고나 서평 등이 천천히 발표되다가 나중에 빠른 템포로 계
속 지상에 발표됨을 본다.

● 호랑이나 사자가 자기 앞에서 무릎을 꿇는 꿈
세도가를 굴복시킬 수 있다.

● 호랑이 가죽을 얻는 꿈
협조자나 재물을 얻는다.

● 사자, 호랑이, 표범의 등에 날개가 달려있는 꿈
지혜가 충만하여 전파력이 막강함을 의미한다.

● 호랑이를 끌고 다니는 꿈
사람들을 마음대로 움직이게 하거나 큰일을 성사시킨다.

● 호랑이가 무서워 부들부들 떠는 꿈
제삼자에 의해서 정신적인 고통을 받는다.

● 사방에서 호랑이가 개처럼 졸졸 쫓아다니는 꿈
남에게 도움을 받거나 계획한 일을 추진해 나간다.

● 사자나 호랑이가 자기 앞에 앉아 있는 꿈
여러 계층의 사람들을 굴복시킨다.

● 호랑이나 사자에게 물리는 꿈
하고 있는 일이 순조롭게 풀린다.

● 호랑이나 사자가 우는 소리를 듣는 꿈
남의 이목을 한꺼번에 받는다.

● 사자나 호랑이를 죽이는 꿈
걸림돌을 제거하고 되고 일이 성사된다.

● 사자나 호랑이 등의 맹수와 싸워서 이기는 꿈
하고 있는 일이 뜻대로 성사된다.

● 집안으로 호랑이가 들어오는 꿈
태몽이라면 세인의 이목을 받을 자손이 된다.

● 궁궐 같은 집으로 호랑이를 탄 채 들어가는 꿈
권력자가 되고 재물을 얻는다.

● 호랑이나 사자가 자신을 피해서 도망치는 꿈
일반적으로 권리상실, 사업 실패 등이 뒤따른다.

● 처녀가 말을 타고 가는 꿈
결혼이 임박해 있음을 의미한다.

● 말을 타고 장가를 가는 꿈
진급을 하거나 관직에 봉하게 된다.

● 백마가 하늘을 나는 꿈
사업을 벌어 세인의 관심을 끌지만 한편으로는 불안해 할 일도 생긴다.

● 춤추는 말을 본 꿈
남의 시비를 받아 기분이 언짢아 진다.

● 달리던 말이 쓰러지는 꿈
하고 있는 일에 장애물이 생겨 고비를 겪게 된다.

● 말이 놀라서 사방으로 흩어져 도망치는 꿈
부동산, 동산 등이 흩어져 하고 있는 일이 제대로 풀리지 않는다.

● 말에서 떨어지는 꿈
사업의 실패와 사람들에게 배신감을 가져온다.

● 쌍두마차를 타고 거리를 달리는 꿈
여러 사람과 협조해서 사업을 경영한다.

● 말과 수레가 흙탕물에 빠지는 꿈
일에 장애물이 생겨서 심한 고통을 받는다.

● 말에게 물리는 꿈
어떤 일의 주도권을 잡거나 출세하여 세상에 이름을 날린다.

● 망아지가 굴레를 벗고 날뛰는 꿈
주색잡기에 빠져 하고 있는 일이 불안정하다.

● 말의 성기가 팽창해 있는 꿈
가까운 사람이 자기에게 반항을 한다.

● 말안장이 없는 꿈
일을 추진하거나 여행을 떠날 일이 생긴다.

● 준마를 타고 하늘을 나는 꿈
자신의 모습을 남에게 과시한다.

● 말을 타고 들판을 달리는 꿈
추진하고 있는 일이 몇 번의 고비를 겪는다.

● 묶여 있는 말이 우는 꿈
제삼자가 자신의 고민을 이야기한다.

● 조상의 집으로 말을 끌고 오는 꿈
집안에 사람이 오거나 재물이 생긴다.

● 처녀가 말을 타고 있는 꿈
추진하고 있는 일이 성사된다.

● 말이 단체나 군대가 도열해 있는 곳을 지나가거나 사열하는 꿈
남에게 청탁을 하지만 쉽게 이루어지지 않는다.

● 말이 자기에게 급히 달려오는 꿈
급한 소식을 전해 듣는다.

● 말에다 짐을 싣거나 마차를 매는 꿈
가정에 화근이 생기거나 이사할 일이 있다.

● 말이 울음소리를 내며 발을 구르는 꿈
자신의 일거리가 남을 통해서 전해진다.

어류에 관계된 꿈

● 개천이나 논바닥에서 손으로 더듬어 물고기를 잡는 꿈
● 개천이나 논바닥에서 손으로 더듬어 물고기를 잡는 꿈
잡은 수효만큼의 재물을 취득한다.

● 생선장수에게서 물고기를 사는 꿈
임금, 수수료, 융자, 기타의 노력의 대가를 받는다.

● 조개에게 발가락을 물리는 꿈
청탁한 일의 성사된다.

● 매끄러운 뱀장어 같은 물고기를 잡는 꿈
시험에 합격한다.

● 물고기 뱃속으로 들어가는 꿈
입학, 취직이 이루어지며 집을 마련할 수도 있다.

● 게 한보따리를 방으로 들여오는 꿈
선전광고물을 어떤 사람이 가져온다.

● 크고 작은 물고기를 선별하는 꿈
재물의 분배를 의미한다.

● 낚싯줄이 길게 늘어져 있는 꿈
계획한 일을 착수하면 결과가 빠른 시일에 나타난다.

● 물고기를 시장에서 사는 꿈
노력의 대가나 융자를 받는다.

● 여러 가지 빛깔의 물고기를 치마로 받는 꿈
인기인이 되어 사회적으로 유명하게 될 아이가 태어날 태몽이다.

● 낚시질로 싱싱한 물고기가 잡는 꿈
계획하고 있는 일이 성사된다.

● 배를 타고 나가 그물로 많은 물고기를 잡는 꿈
남을 통해서 일확천금의 꿈이 실현된다.

● 물고기가 알을 낳는 꿈
소원성취가 되며 재물이 늘어난다.

● 물고기를 고르는 꿈
어떠한 작품을 심사하거나 재물의 분배가 있게 된다.

● 우물이나 연못에 잉어를 넣는 꿈
하는 일이 번창 하거나 크게 출세한다.

● 하늘에서 떨어지는 조개를 받아먹는 꿈
공적으로 재물을 얻는다.

● 강변에 있는 방게가 깜짝 놀라 숨어버리는 꿈
일은 크게 벌리지만 실속이 없다.

● 자신이 물고기가 되어 바닷물에서 마음대로 헤엄치는 꿈
연구, 탐험, 추리 등에서 출세한다.

● 게를 논두렁에서 잡는 꿈
생각지도 않았던 재물이 생긴다.

● 조개를 까서 그릇에 담는 꿈
작품을 논하거나 청탁을 받는다.

● 물이 없는 개울이나 산에서 조개를 줍는 꿈
어떤 재물을 얻거나 학설에 관한 것을 수집하게 된다.

● 물고기를 토막 내어 누구에겐가 주는 꿈
사업자금을 나누어 받거나 생각지도 못했던 곳에서 돈을 얻는다.

● 폭포 위로 잉어가 뛰어오르는 꿈
사업이 번창하여 사람들을 놀라게 한다.

● 어항에 있는 물이 마르거나 어항이 깨지는 꿈
행복, 재물 등이 깨지고 아는 사람 중 병들거나 하고 있는 일이 침체된다.

● 조개에서 진주가 나오는 꿈
만사형통할 운수이다.

● 어항 속의 금붕어를 가만히 들여다보고 있는 꿈
많은 직공을 거느리는 기업가가 될 아이가 태어날 태몽이다.

● 배의 갑판으로 물고기가 뛰어오르는 꿈
사람을 구하거나 횡재할 일이 생긴다.

● 많은 물이 고인 논바닥에 물고기 떼가 놀고 있는 꿈
하고 있는 일의 성과를 기대할 수 있다.

● 낚시질로서 물고기를 잡는 꿈
아이디어를 개발해서 돈을 벌거나 일거리를 기대할 수 있다.

● 물고기가 지하실이나 방안에서 노는 꿈
경제적으로 풍족한 사람이 될 태몽이다.

● 방게가 해변에서 기어 다니는 꿈
사업상의 거래처를 많이 확보한다.

● 물고기를 잡는 꿈
돈을 한꺼번에 벌지 않고 여러 번 나누어 벌 일이 생긴다.

● 강물 속에서 여러 마리의 물고기가 헤엄치는 꿈
계약이 성사되거나 사람을 양성할 수 있는 일이 있다.

조류에 관계된 꿈

● 새를 쓰다듬는 꿈
배우자 또는 그 밖의 사람으로 인해서 속 썩을 일이 생긴다.

● 참새 떼가 날아와서 곡식을 먹는 꿈
많은 종업원을 거느리게 된다.

● 제비가 집을 찾아와 둥우리를 치고 새끼를 기르는 꿈
사업이 번창한다.

● 나는 새를 붙잡는 꿈
결혼한 사람은 이별 또는 별거를 하게 된다.

● 새장에서 노는 한 쌍의 새를 보는 꿈
부부생활을 돌이켜서 생각하게 된다.

● 원앙새를 보거나 소유하는 꿈
헤어진 부부가 다시 결합하며 자녀가 혼사를 치른다.

● 제비가 날아왔다 잠시 머문 뒤 사라지는 꿈
예쁜 여인이 찾아와 한동안 동거한다.

● 남자가 비둘기를 잡는 꿈
온순한 배우자와 결혼을 한다.

● 닭이 나무에 오르는 꿈
지위가 향상된다.

● 황새가 나무에 무수히 많이 앉은 꿈
관리의 우두머리가 된다.

● 참새가 떼를 지어 나는 꿈
많은 부수의 책을 출판한다.

● 바위만큼이나 큰 알에서 학의 새끼가 나와 걷는 꿈
어떤 학술서적이 번역되어 출간된다.

● 기러기가 논으로 날아와 앉는 꿈
먼 곳에서 손님이 오거나 소식을 전하게 된다.

● 물새가 배위를 날아가는 꿈
귀인을 만난다.

● 부엉이가 우는 꿈
집안에 재앙이 생긴다.

● 참새 떼가 창밖에서 우는 꿈
많은 사람들로부터 구설수에 오르내린다.

● 달걀을 산 속에서 얻는 꿈
개발한 아이디어가 채택되어 빛을 본다.

● 세 마리의 새 중 한 마리가 손바닥에 앉는 꿈
세 여성 중 한 여성을 맞이하여 결혼한다.

● 국가원수의 머리나 어깨에 비둘기가 앉는 꿈
정부가 대외적으로 평화를 선언하거나 평화노선에 동조할 일을
보게 된다.

● 원앙새의 암수 한 쌍을 보는 꿈
좋지 않았던 감정이 풀리고, 자손의 혼사가 이루어진다.

● 매가 창공에서 원을 그리고 있는 꿈
세인의 주목을 받게 된다.

● 닭이나 비둘기에게 모이를 주는 꿈
제자를 만나게 되거나 사업에 투자할 일이 생긴다.

● 제비가 처마 밑에 집을 짓는 꿈
일을 계획하거나 정확하게 추진해 나간다.

● 암탉이 우는 소리를 듣는 꿈
생각지 않던 사람이 세상을 놀라게 한다.

● 나무 위에서 까치가 우는 꿈
반가운 소식이나 먼 곳에서 손님이 찾아온다.

● 까마귀와 까치가 죽은 사람을 파먹는 꿈
하고 있는 일이 번창하여 사람을 늘리고 집안에는 경사가 있어 많은 사람을 초대한다.

● 사냥을 하는 포수의 총소리를 듣는 꿈
제삼자를 통해 사람을 알아볼 수 있다는 소식을 듣는다.

● 독수리가 자신을 채서 하늘로 날아가는 꿈
자기가 하고 있는 일이 남을 통해서 성사된다.

● 봉황새를 보거나 소유하는 꿈
부부가 서로 화목하고 평화롭다.

● 학이 날아와 앉는 꿈
지식 있는 사람과 접하게 되고 병원에 갈 일이 생긴다.

● 두견새나 뻐꾸기의 알을 얻는 꿈
뜻하지 않은 곳에서 재물이 생긴다.

● 죽은 닭을 많이 가져오는 꿈
계획하고 있는 일이 좌절된다.

● 비둘기 떼에게 모이를 주는 꿈
착한 사람들을 만나게 된다.

● 들판에서 학이 노니는 꿈
제자를 지도할 일에 종사한다.

● 앵무새가 말하는 꿈
하루 종일 사람과 시비가 생긴다.

● 수탉끼리 서로 싸우는 꿈
다른 사람과 크게 다툰다.

● 참새 떼가 한꺼번에 나는 꿈
주도권을 쥐고 있는 곳에서 사람들이 잘 따르지 않는다.

● 독수리나 솔개가 가까이 오거나 팔다리를 무는 꿈
진행 중인 복잡한 일이 하나하나 풀리기 시작한다.

● 새장의 새가 도망치는 꿈
가까이에 있는 사람이 떠나거나 물건을 분실하게 된다.

● 독수리가 자신을 해치려 하는 꿈
나쁜 사람에게 시달림을 받거나 질병에 걸릴 염려가 있다.

● 새들이 나무에 집을 짓는 꿈
여러 사람이 찾아와 어려운 일을 도와준다.

● 암탉이 알을 품고 있는 꿈
생각, 사업, 창작물 등이 쉽게 이루어지지 않는다.

● 까마귀 떼가 날아가는 꿈
가는 곳마다 좋지 않은 일이 생긴다.

● 포수가 꿩을 잡아 몸에 지니고 있는 꿈
많은 재물을 얻는다.

● 꿩알을 발견하거나 얻는 꿈
기발한 아이디어가 떠올라 일을 성사시킨다.

● 자신이 독수리로 변해 짐승을 잡는 꿈
공공단체에서 자신이 주도권을 잡으려고 한다.

● 독수리를 타고 공중으로 나는 꿈
하고 있는 일이 순조롭게 풀리지 않고 어려운 고비를 겪는다.

● 기러기 떼가 호숫가에 앉는 꿈
먼 곳에서 소식이 오거나 손님이 찾아온다.

● 공작새가 자신에게 공명의 빛을 비추는 꿈
이상적인 사람을 만나거나 좋은 작품을 접하게 된다.

● 지붕 위에서 닭이 우는 꿈
집안에 화근이 생기거나 다른 사람에게 억압을 당한다.

● 수탉이 우는 소리를 듣는 꿈
세인의 관심을 받는다.

● 많은 갈매기가 자신을 둘러싼 꿈
태몽이라면 자손이 부귀영화를 누릴 때 많은 사람들이 재산을 탐
낸다.

● 까치 여러 마리가 나뭇가지에 앉는 꿈
자기에게 도움을 줄 사람을 만나게 된다.

● 학을 타고 하늘을 나는 꿈
지식 있는 사람을 접하게 된다.

● 나무에 황새가 앉아 있는 꿈
자신이 하고 있는 일에 공공단체에서 주도권을 잡게 된다.

● 머리 위에서 까마귀가 우는 꿈
좋지 못한 소식을 듣거나 사건에 말리게 된다.

● 달걀을 숲 속에서 발견하는 꿈
많은 사람들이 자기의 좋은 아이디어를 인정해 준다.

● 수탉이 쪼려고 덤비는 꿈
괴한에게 시달림을 받거나 질병에 걸린다.

● 두견새나 뻐꾸기를 보는 꿈
뜻하지 않은 곳에서 소식이 오거나 사람이 찾아온다.

● 독수리로 변한 자신이 여러 마리의 닭을 물어 죽이는 꿈
자기와 관계 깊은 사람이 출가한다.

● 학이 자기의 몸에 앉는 꿈
태몽이라면 학문적인 연구에 몰두하는 자손을 낳는다.

● 공작새가 날개를 활짝 펴는 꿈
하고 있는 일이 세인의 관심을 끈다.

● 훈련받은 매가 새를 잡아오는 꿈
아랫사람을 시켜 사람을 데려오게 하거나 재물을 얻는다.

● 물새가 배 위에 앉는 꿈
대체로 운세가 대길하다.

● 학을 타고 내려온 노인이 무엇인가를 주는 꿈
다른 협력자에 의해서 부귀영화를 누린다.

● 새의 날개가 바닥으로 떨어지는 꿈
자신의 위치가 타인에 의해서 상실된다.

● 수탉같이 생긴 꼬리 없는 붉은 색 꿩이 날아드는 꿈
인격을 갖추지 못한 사람이 찾아온다.

● 나무 위에 닭이 오르는 꿈
주어진 일이 순조롭게 풀린다.

● 새장에 갇힌 한 쌍의 새를 보는 꿈
자기의 생활을 그 새의 처지와 비교할 일이 생긴다.

● 동자가 학을 타고 하늘에서 내려오는 꿈
이것이 태몽이라면 지식인이 될 사람이다.

● 새에게 모이를 주는 꿈
자기가 하고 있는 일이 남의 심한 간섭을 받는다.

● 원앙금침이나 원앙 문장 또는 그림을 보는 꿈
자기와 일을 같이 하는 사람과 잘 타협한다.

● 자기주변에서 공작새가 날아다니는 꿈
자기를 남에게 과시하며 부귀영화를 누린다.

● 한 쌍의 봉황을 얻는 꿈
이것이 태몽이라면 사회에 공헌할 인물이다.

● 공작새를 소유하는 꿈
결혼하지 않은 사람은 이상적인 여인을 만나게 된다.

● 집 마당에 꽃이 만발한 꿈
여러 가지로 좋은 일이 겹쳐서 경사스럽다.

● 만발한 꽃나무 아래를 걷는 꿈
성과, 대화, 독서 등으로 자신에게 도움이 되는 일이 있다.

● 꽃을 씹어 먹는 꿈
사람들과의 만남이 자연스럽게 맺어진다.

● 꽃을 꺾어 든 꿈
태몽이라면 사회적으로 자수성가할 자손을 얻는다.

● 만발한 꽃을 한꺼번에 꺾어놓은 꿈
업적, 성과, 수집 등을 나타낸다.

● 꽃향기를 맡은 꿈
자신을 남에게 과시하고 그리운 사람 등을 만난다.

● 꽃이 시든 꿈
생명의 단절, 질병, 사업의 실패 등을 나타낸다.

● 들꽃이 만발한 것을 본 꿈
어떤 기관, 사업장 등에서 자신을 인정해 준다.

● 꽃나무를 뿌리째 캐낸 꿈
계약, 투자, 증권 등이 이루어진다.

● 꽃을 보거나 꺾은 장소가 유난히 돋보였던 꿈
태몽이라면 사회적으로 기반을 튼튼히 잡을 자손을 얻는다.

● 영적인 존재가 꽃다발을 안겨준 꿈
어떤 기관에서 자신을 인정해 주거나 미혼자는 결혼이 성립된다.

● 꽃송이에서 아름다운 소녀가 나와 하늘로 사라져버린 꿈
감명 깊은 서적을 읽거나 일이 성사된다.

● 꽃나무의 꽃이 떨어진 꿈
단체나 개인의 세력이 몰락함을 나타낸다.

● 험한 산에 꽃이 만발한 꿈
국가나 사회적인 일로 자신을 내세운다.

● 숲속에 앉거나 누워있는 꿈
병원에 갈 일이나 사업상 조용히 기다릴 일이 생기게 된다.

● 숲속에 냇물이 흐르는 꿈
사업, 학문 등이 순조롭게 이루어진다.

● 숲속을 걷는 꿈
사업, 학업, 연구 등을 나타낸다. 숲속에서 꽃을 꺾어 든 꿈은 어떤 기관에서 자기를 남 앞에 내세우는 일이 있다.

● 숲이 우거진 꿈
방어태세가 안전함을 나타낸다.

● 숲속의 개울에서 물고기를 잡는 꿈
계획하고 있는 일을 추진하며 성과를 얻는다.

● 숲 속에서 거목을 베어 껍질을 벗기는 꿈
어떤 단체에서 대의원등에 출마할 추천을 받게 된다.

● 푸르고 싱싱한 나무 꿈
신체가 건강해진다. 여인이 꿈에 그런 나무를 보았다면 시댁 쪽 식구가 불어난다.

● 메마른 나무 꿈
여인이 꿈에 메마른 나무를 보았다면 병마의 시달림을 받는다.

● 푸른 나무를 찍어 넘어뜨린 꿈
당신에게 위험이 닥칠 가능성이 있기에 주의해야 한다.

● 마른 나무를 찍어 넘어뜨린 꿈
수입이 대단히 늘어날 것이다.

● 나무 끝에 기어오르는 꿈
자신이 속해 있는 모임이나 지역의 지도자가 된다.

● 목재 창고 꿈
여자가 이런 꿈을 꾸면 심정이 유쾌할 것이고, 상인은 큰 돈을 벌게 된다. 죄수가 이런 꿈을 꾸면 징역기간에 중노동을 하게 된다.

● 목재를 구입한 꿈
머지않아 멋지고 호화로운 주택을 한 채 지을 것이다.

● 목재를 판매하는 꿈
장사에 적자가 나게 된다.

● 나무를 베어 마차나 트럭으로 운반하는 꿈
자신을 도울 인재나 재물 등을 얻게 된다.

● 나무뿌리나 풀뿌리를 잡고 일어서는 꿈
도움을 받을 사람을 찾아서 어려운 고비를 넘기게 된다.

● 나뭇가지가 부러지는 꿈
건강이 좋지 않고 믿던 사람이 화를 입게 된다.

● 낙엽을 긁어모으는 꿈
어려운 고비를 겪고 난 다음에 일이 성사된다.

● 낙엽이 쌓인 꿈
사업이 발전하거나 재물을 얻게 된다.

● 노송 밑에 동물이 있는 꿈
이것이 태몽이라면 공공단체의 지도자가 되거나 성실한 사람이 된다.

● 높은 나무에 앉아있는 새가 보이는 꿈
미혼자는 혼담이 오고가고 기혼자는 가정의 행복을 뜻한다.

● 무덤 위에 나무가 서 있는 꿈
남의 도움을 받아 어떤 기관의 지도자가 된다.

● 소나무 가지에 무궁화 꽃이 핀 꿈
이성의 문제로 고민에 빠지게 된다.

● 쓰러지려는 나무를 버팀목으로 받쳐놓는 꿈
어려운 난관에 부딪쳐도 참아내야 한다.

● 우거진 숲속에 나무 한그루가 말라죽어 있는 꿈
사업의 부진, 질병 가정의 화목이 잠시 흔들리는 등 정신적으로 고생하게 된다.

● 정원에 나무를 옮겨다 심는 꿈
직장에서 자리를 옮기거나 좋은 사람을 만난다.

● 죽은 나무가 되살아나는 꿈
타격을 받았던 일이 다시 활기를 되찾게 된다.

● 쭉 뻗은 나무의 가지가 부러진 꿈
부모와 이별하게 되거나 의지했던 곳에서 나오게 된다.

● 큰 나무가 뿌리째 뽑혀있는 꿈
은퇴하거나 사업이 어려움을 겪게 된다.

● 큰 나무를 자기 집에 옮겨다 심는 꿈
훌륭한 인재를 얻거나 단체에서 주도권을 잡게 된다.

영적존재에
관계된 꿈

● 부처
학자, 은인, 위대한 사람, 고승, 법사, 또는 성직자를 상징한다.

● 선녀
중매인, 비서, 학자, 제자, 배우, 여류 작가 등과의 동일시이다.

● 천사
고급관리, 전도사, 또는 성가대 등을 상징한다.

● 산신령
학원장, 기관장 등의 동일시이거나 또 하나의 자아를 의미한다.

● 석상이나 동상
어떤 사람의 업적 또는 사진, 프로필, 사업체 등을 상징한다.

● 약수터 밑에 부처상이 있는 꿈
어떤 사람이 저술한 서적의 저자 사진과 출판사를 예시한 꿈이다.

● 선녀와 육체관계를 맺는 꿈
명예로운 일이 성취된다.

● 예수가 영세 물을 입에 넣어주는 꿈
입학, 취직, 입당 등과 관계된다.

● 불상에게 염불을 외우거나 절하는 꿈
권위 있는 사람에게 청원할 일이 있거나 자기의 소원이 성취된다.

● 신령적인 존재와 악수하면서 그에게 무엇을 주고받는 꿈
명문교에 입학하거나 논문이 통과된다.

● 신이 주는 약을 먹는 꿈
재물에 이권을 얻으며 입학, 취직이 이루어진다.

● 신령적인 존재가 준 음식을 먹는 꿈
존경하는 사람이 자기에게 일을 맡겨 그 일에 종사하게 된다.

● 성모마리아상 앞에서 기도하는 꿈
다른 사람의 도움으로 자기가 소원한 일이 성취된다.

● 금불상을 얻는 꿈
감동적인 서적을 읽거나 사회에 기여할 수 있는 일에 종사한다.

● 오래된 성이나 절에 들어가는 꿈
학문연구에 몰두하거나 입학, 취직이 이루어진다.

● 우상이나 신에게 제물을 바치는 꿈
어떤 권력자에게 자기가 청원한 일을 성취시켜 달라고 부탁한다.

● 궁지에 몰렸을 때 하느님을 찾는 꿈
자기의 야심을 남에게 호소하거나 협조자에게 도움을 청하게 된다.

● 오색찬란한 의상을 걸치고 예수가 나타난 것을 우러러 보는 꿈
진리가 담긴 서적을 출판하거나 사회적으로 위대한 지도자가 나타
난다.

● 신선과 바둑이나 장기를 두는 꿈
사업관계로 여러 사람과 시비가 생기게 된다.

● 선녀가 춤을 추는 꿈
자기가 하고 있는 일이 여러 사람의 이목거리가 된다.

● 천사가 자신을 하느님 곁으로 데리고 가는 꿈
어떤 기관에 고급관리로 취직하게 된다.

● 교회에 예수가 나타난 꿈
훌륭한 성직자나 어떤 단체의 우두머리를 만나게 된다.

● 성모마리아상이 빛을 비추거나 후광을 나타내는 꿈
자신이 신앙을 깨달음을 느끼고 어떤 위대한 사람의 업적을 보게
된다.

● 천당에 가서 보좌에 앉은 하느님을 보는 꿈
사회적으로 권위 있는 사람을 만나게 되고 진리의 서적을 읽게 된다.

● 걸어가는 예수의 뒷모습을 보는 꿈
어떤 지도자가 자기의 청원을 잘 받아드린다.

● 천사가 나팔을 부는 꿈
교회성가대가 음악을 연주하는 것을 보게 된다.

● 불상 좌우에 늘어선 많은 여래상 꿈
어떤 단체의 리더를 중심으로 서로 협력해 나간다.

● 교인이 하느님께 기도하는 꿈
진리를 깨닫게 되고 자기 양심을 호소해서 반성할 일이 생긴다.

● 선악과를 따먹는 꿈
어떤 일의 바른 일과 간사한 일을 구분하거나 책을 읽고 선악을
분별하게 된다.

● 산신령이 위험을 경고하는 꿈
자기 아닌 또 하나의 자아를 발견하게 된다.

● 선녀와 결혼하는 꿈
서류상 계약이 맺어지고 좋은 사람을 만나게 된다.

● 좌선하고 있는 석가모니 꿈
학자가 학문연구에 몰두하게 된다.

● 우렁찬 하느님의 말이 공중에서 들리는 꿈
사회적으로 풍기문란, 부정부패를 고발하게 된다.

● 관음보살 상을 얻는 꿈
훌륭한 작품을 얻거나 자기에게 도움을 줄 사람을 만나게 된다.

● 선녀가 아이를 가져다주는 꿈
태몽이라면 일국의 으뜸가는 학자가 되어 학문적 업적을 남길 자손을 얻게 된다.

● 교인이 아닌 사람이 나팔 부는 천사를 본 꿈
관직에 오르거나 시국의 변화를 나타낸다.

● 천당을 구경하는 꿈
아름답고 성스러운 곳을 구경하게 된다.

● 동상이 자신에게 절을 하거나 걸어가는 꿈
역사적인 일을 재연하거나 역사적 기록물을 읽거나 연구하게 된다.

● 고령자나 중병환자가 천사를 따라가는 꿈
자신의 죽음이 임박해 있는 것을 나타낸다.

귀신, 도깨비, 유령, 조상에 관계된 꿈

● 돌아가신 조상에게 음식을 대접하는 꿈
취직, 입학, 진급 등이 이루어진다.

● 조상이 집에 왔다가 사라지는 꿈
협조자가 나타났다가 사라진다.

● 조상 중의 누군가 머리를 쓰다듬어주는 꿈
병에 걸리거나 어떤 위험에 직면한다.

● 도깨비, 유령, 귀신 꿈
악한, 벅찬 일거리, 병마 또는 정신적 산물을 상징한다.

● 유령이 머리를 푼 채 공중을 날며 자신의 머리채를 휘어잡는 꿈
정신병이나 두통과 관계되는 병마의 상징이다.

● 문밖에서 아내가 마주보고 있는 꿈
어떤 일을 시작하는데 집안의 반대로 일이 성사되지 않는다.

● 방망이로 귀신을 잡아 흔적도 없이 해치운 꿈
정신적으로 시달림을 받던 일이 깨끗하게 해결된다.

● 붉은색 망토를 입은 유령이 춤추는 꿈
불량배에게 매를 맞거나 코피를 흘리는 것으로 액땜한다.

● 생전에 자기에게 잘해준 누님의 꿈
어떤 도움을 받을 수 있는 협조자를 만나게 된다.

● 억울하게 죽었던 자가 나타난 꿈
자기를 괴롭히는 심적 고통거리나 병마에 시달리게 된다.

● 조상이 나타나서 예언이나 명령하는 꿈
누구의 간섭을 받지 않고 자기주장대로 일을 처리하게 된다.

귀신, 도깨비, 유령, 조상에 관계되는 꿈

● 죽은 딸이 꿈
어떤 일에 애착심을 가지고 성사시키려고 한다.

● 유령이 춤추는 꿈
몸이 다치는 등 좋지 않은 일이 생기거나 누구와 싸울 일이 있게
될지도 모른다.

● 유령이 끌고 갈 때 뿌리치고 도망치는 꿈
자신을 잘 되도록 주선하여 주고 권유하는 사람의 호의를 물리치
게 된다는 예시다.

● 유령, 귀신, 도깨비, 악마 등과 싸워서 이기는 꿈
현실에서도 어려움과 싸워 이겨낼 수 있을 것이다. 반대로 이러한
것들을 이겨내지 못한 채 꿈이 깨었다면 당분간 어려운 상태가 지
속되어 옹색한 자금난 따위가 풀리지 않을 것이다.

● 유령이나 귀신에게 붙잡히는 꿈
건강에 특별히 조심해야 한다. 이러한 꿈을 꾼 사람은 괴이한 질
병에 걸려 오래 고생하는 수가 있다.

● 지옥에 떨어져 여러 귀신들에게 시달림을 받는 꿈
앞으로 많은 사람들의 인정을 받고 명예가 높아지게 되거나 인기
가 상승할 것이다.

● 돌아가신 부모나 할아버지가 소를 이끌어다 집안에 매는 꿈
식구가 늘어나기도 하는데 자식을 낳는다기보다는 아내나 며느
리, 식모가 들어오거나 외부에서 재물이 들어온다.

● 돌아가신 할아버지가 암소를 내다 파는 꿈
가족 중에 누가 시집가거나 부리던 가정부가 나가거나 자기 집이
팔리게 된다.

● 죽은 아내가 문을 열고 내다보는 꿈
자녀가 공연히 화를 낸다든지 서로 싸울 수도 있고 이웃과 불편한

관계에 놓이게도 된다.

● 돌아가신 조부모가 풀이나 풀뿌리를 절구에 넣어 찧는 꿈
부모가 쇠약해지기 때문에 병이든 다든지 건강상의 이유로 약을 달이게 됨을 미리 알리는 꿈이다.

● 죽은 아내나 남편 혹은 애인과 하루 밤을 지내는 꿈
질병에 걸리거나 혹은 좋고 나쁜 일을 막론하고 우연히 부닥치게 된다. 예를 든다면 횡재를 만날 수도 있는 것이다.

● 조상에게 큰절을 하는 꿈
상속받을 일이 생기거나 누군가에게 청탁한 일이 잘 풀려나갈 것이며 상대는 쉽게 그 청탁을 들어줄 것이다.

● 제사상을 차려놓고 제사지내는 꿈
뜻밖의 경사가 있을지도 모른다. 윗사람에게 부탁해서 소원을 이루거나 좋은 일거리를 얻기도 한다.

● 별을 향해 지내는 천제 꿈
장차 모든 일이 순조롭게 이루어질 것이다. 사업이나 직장에서도 잘 풀리게 되며 주로 우두머리가 될 수 있는 기회를 잡을 수 있다고 보아야 할 것이다.

● 산에 올라가 기도하는 꿈
관직에 높이 오른다든지 직장에서 진급을 하게 된다. 평소의 소원이 이루어지는 좋은 꿈이다.

● 달을 보고 절하는 꿈
어떤 사람에게 청탁할 일이 있으면 망설이지 말고 찾아가야 한다. 만일 마땅치 못하다면 청탁을 들어줄만한 능력자를 찾아가 부탁한다. 반드시 귀하의 청을 들어줄 것이다.

● 높은 지위에 있는 사람에게 절하는 꿈
취직을 바라는 사람이라면 문제없을 것이고 승진에도 좋은 소식

이 있을 것이다. 혼인이나 약혼 등의 경사가 어떤 사람의 도움으로
이루어질 것이다.

● 부부가 서로 맞절하는 꿈
장차 이혼할 징조다. 나이 많은 부부사이라면 상부 상처할 우려도
보이다.

● 하늘을 향하여 절하는 꿈
주변에 귀인이 있어서 그 사람의 도움을 받는다는 것을 암시한다.
그 소원이 반드시 이루어질 것이다.

● 해와 달을 향하여 절하는 꿈
자신의 소원을 이루어줄 능력자를 만나 소원을 성취할 것이다. 또
는 귀한 자손을 탄생시킬
태몽이기도 하다.

● 다른 사람이 제사지내는 꿈
평소에 막히던 일이 풀려나간다. 특히 누구에게 부탁한 일이 성취
된다. 그러나 급히 서둘러 졸라대면 좋지 않다.

▣ 펴낸이 손지우 ▣

• 편저
한국 속담 지식 지혜 라이브러리   원문 손자병법으로의 여행
한국 민담 지식 지혜 라이브러리   채근담으로 지혜와 창의성을
쉽게 풀이한 주역으로의 여행   터득할 수 있는 황금률

어젯밤 꿈이 심상치 않다면?
꿈해몽 풀이사전

2023년 1월 10일 2판 인쇄
2023년 1월 15일 2판 발행

편저자 손지우
발행인 김현호
발행처 법문북스(일문판)
공급처 법률미디어

주소 서울 구로구 경인로 54길4(구로동 636-62)
전화 02)2636-2911~2, 팩스 02)2636-3012
홈페이지 www.lawb.co.kr

등록일자 1979년 8월 27일
등록번호 제5-22호

ISBN 979-11-92369-29-7(03180)

정가 18,000원